Seja um Pato

1ª edição

best.
business
RIO DE JANEIRO - 2025

Seja um Pato

Uma abordagem surpreendente sobre ser generalista

Débora Alcantara

CIP-BRASIL. CATALOGAÇÃO NA PUBLICAÇÃO
SINDICATO NACIONAL DOS EDITORES DE LIVROS, RJ

A318s Alcantara, Débora
Seja um pato : uma abordagem surpreendente sobre ser generalista / Débora Alcantara. - 1. ed. - Rio de Janeiro : Best Business, 2025.

ISBN 978-65-5670-055-7

1. Liderança - Aspectos psicológicos. 2. Técnicas de autoajuda. I. Título.

25-98026.0 CDD: 158.1
CDU: 159.923

Carla Rosa Martins Gonçalves - Bibliotecária - CRB-7/4782

Imagem do pato utilizada na capa e no miolo (editada): The Noun Project/Hey Rabbit TH.
Imagem do verso da capa: Unsplash/Europeana
Imagem da página 89 adaptada do artigo “Wave-riding and Wave-passing by Ducklings in Formation Swimming” publicado pela Cambridge University Press em 2021.
As demais imagens são de acervo pessoal da autora.

Texto revisado segundo o Acordo Ortográfico da Língua Portuguesa de 1990.

Direitos exclusivos de publicação em língua portuguesa para o mundo adquiridos pela
Best Business, um selo da Editora Best Seller Ltda.
Rua Argentina, 171 – Rio de Janeiro, RJ – 20921-380 – Tel.: (21) 2585-2000, que se reserva a propriedade literária desta obra.

Impresso no Brasil

ISBN 978-65-5670-055-7

Quem vê o pato flutuar tranquilo na superfície não imagina o quanto ele se esforça debaixo da água.

Dedico esta obra aos meus pais, Laura e Raul,
e às minhas sócias e irmãs, Bárbara e Julia, a quem admiro e honro. Estendo esse sentimento aos meus cunhados, Ricardo Pedroni e Willian Kesling, e ao meu sócio, Kelvyn Kaestner.

Ao meu marido, Fernando Sobczak,
às minhas filhas, Olívia e Alícia,
e aos meus sobrinhos, Nicolas e Henrique.
Eu escrevi este livro, mas essa história é nossa.
E, claro, dedico cada palavra a todas as "quartas irmãs"
que nos acompanham nesse universo que criamos
chamado ORNA.

Dedico esta obra aos meus pais, Laura e Rafi,
e às minhas sócias e irmãs, Bárbara e Julia, a quem admiro e
honro. Estendo esse sentimento aos meus cunhados, Ricardo
Pedroni e Willem Kasting, e ao meu sócio, Kelvyn Koettker.

Ao meu marido, Fernando Souza,
às minhas filhas, Olivia e Alícia,
e aos meus sobrinhos, Nicolas e Henrique.
Eu escrevi este livro, mas essa história é nossa.
E, claro, dedico cada palavra a todas as irmãs
que nos acompanham nesse universo que criamos
chamado OIRNA.

Sumário

Prefácio

Como assim "Seja um pato"?

Você, meu bom leitor, minha boa leitora, deve estar cheio de vídeos e textos motivacionais dizendo: seja uma águia! Voe alto! Arranque, sem pena, as próprias penas! Seja um caçador, e não a caça! Seja uma águia!

E aí vem a Débora Alcantara e diz: "Seja um pato!"

Logo que fui convidado a escrever este prefácio, minha primeira tentação foi escrever sobre cada um dos pequenos e ágeis capítulos do livro. Tudo o que Débora diz aqui é tão inspirador, gera tantas ideias e reflexões, que meu primeiro impulso foi comentar tudo, até porque tudo nele orna. Assim, porém, este prefácio ia se tornando gigantesco e, claro, inconveniente.

Respirei fundo e reduzi meu texto para não atrasar a sua chegada à parte mais importante: o maravilhoso texto de *Seja um pato*! E, veja bem, o adjetivo "maravilhoso" não está aqui à toa, ele significa o que desperta admiração, deslumbramento, fascínio, o que irradia, que é luminoso. E é exatamente assim o livro de Débora.

O seu texto leve revela coisas profundas. Os seus capítulos curtos, rápidos de ler, permanecem na nossa memória.

Na linguagem popular, o pato sempre paga o pato.

Expressões como "pagar o pato" ou "ser o pato da história" são muito comuns. Talvez por causa da mitologia do malandro, na qual acreditamos tanto, e que nos faz de bobos há tanto tempo, mas talvez seja a hora de considerar se não é melhor ser pato do que ser ave de rapina ou aquela águia falsificada dos fáceis discursos motivacionais.

Qual animal representa você? Débora puxa da memória de infância uma vez quando respondeu a essa pergunta, para a risada geral da sala de aula, quando disse: "Um pato!"

A resposta não era só engraçada, mas certeira: ela se identificava com um bicho versátil, ágil, que sabia trabalhar em equipe e era capaz de se adaptar a diversas circunstâncias.

O pato é o símbolo do polímata, aquele que tem múltiplas habilidades, que experimenta diversos talentos, que não se encaixa, não se robotiza. Nada mais adequado e até mesmo urgente nas circunstâncias atuais, não?

Num depoimento pessoal e tocante, Débora diz que, na juventude, era apontada como alguém que perdia rapidamente o interesse pelas coisas. Mas aquilo que parecia um problema era, na verdade, vantagem da sua atenção criativa, capaz de despertar sempre novos interesses, e ter a coragem de experimentá-los.

O pato polímata não é quem perde o interesse, mas quem se interessa mais, e, assim, torna-se mais interessante. Saber nadar não o impede de saber voar, caminhar, mergulhar, migrar, adaptar-se a diferentes situações. Ao contrário do especialista, a atenção do bom pato generalista circula com agilidade, e ele é capaz de dar o melhor de si e tirar o melhor de cada coisa, conectando tudo numa forma de inteligência profundamente criativa.

Aliás, como você verá aqui, a criatividade é uma forma de inteligência, uma abertura pessoal para compreender a realidade e encontrar respostas adequadas, inventivas e inovadoras.

A lógica e a análise, diferentemente do que supomos, são apenas pedacinhos da inteligência, que é maior, muito mais sutil e mais ampla, e conta, por exemplo, com a imaginação. Por isso, a criatividade tem mais a ver com a capacidade de relacionar coisas diferentes, perceber conexões, interações, de combinar isso e aquilo do que ter que optar entre isso ou aquilo.

Comum é pensar assim: "Se eu sou do ar, só vou prestar atenção nas coisas de voar; se eu sou da água, só me interessam as coisas da água; se eu sou da moda, só roupas; se eu sou da música, só som; se eu sou do empreendimento, só lucro."

Incomum, e bem melhor, é ser o pato da moda, relacionando roupa com música, o pato do empreendedorismo, relacionando negócios com psicologia, o pato que amplia seus interesses e torna tudo mais interessante.

Por fim, devo dizer que, além de informações valiosas, você também encontrará neste livro o prazer de uma excelente conversa. Este pato, quer dizer, este livro vai se tornar seu amigo.

LUIZ CARREIRA

Autor dos livros *A coisa fora do texto* (contos), *O mínimo sobre criatividade*, *A arte e suas circunstâncias*, *A orelha de Van Gogh*.

Introdução

Já me disseram que perco o interesse muito rápido.

Não sei se perco o interesse rápido ou se me interesso por muitas coisas ao mesmo tempo. Talvez as duas coisas.

O fato é que, seja por perder o interesse ou por me interessar demais, desenvolvi uma habilidade peculiar: **desconstruir e reconstruir sem apego**. Minha mente funciona assim. **Curiosa, acelerada e inquieta.**

Não é algo do momento. **Sempre fui assim.**

Sou **Débora Alcantara,** uma comunicadora apaixonada por criar, conectar e transformar ideias em realidade.

Ao longo da minha carreira, fui reconhecida com prêmios como o ABRADI de Profissional do Ano (2020) na categoria Conteúdo e o título de Top Voice LinkedIn. Graduada em Comunicação Social, Relações Públicas pela PUCPR, comecei minha carreira em 2010, quando fundei o blog *Tudo Orna* ao lado das minhas irmãs, Bárbara e Julia.

Minha trajetória me levou a empreender e criar a **ORNA**, uma marca de acessórios que se tornou um dos maiores cases de branding do Brasil. Depois, nasceu a **EFEITO ORNA**, uma escola que já formou mais de **30 mil alunos em 41 países**, ajudando marcas e profissionais a construírem legados sólidos. Meu trabalho já foi destaque em publicações como *Exame* e *Forbes*.

Escrevi os livros *Instagram Skills, Deixe sua marca* e o sucesso de vendas *Marketing de influência*.

Dizem que tenho uma visão peculiar. Mas a verdade é que **todo mundo tem**. Talvez eu só tenha aprendido a expressá-la de forma clara — e acredito que isso inspire outras pessoas a fazerem o mesmo.

Participei de programas como o Scale-Up Endeavor e o Sephora Accelerate Program.

Sou casada com Fernando e mãe de Olívia e Alícia. Minha família é minha maior prioridade e realização. Mas, se a maturidade trouxe pragmatismo, não diminuiu minha curiosidade insaciável em relação ao mundo. Essa energia transborda de mim e, de alguma forma, impacta profundamente quem cruza meu caminho.

Por que escrevi este livro?

Tudo começou em 2018, quando escrevi o artigo "Seja um Pato" no LinkedIn, que viralizou, impactou milhares de pessoas e me trouxe ainda mais visibilidade no LinkedIn. Foi ali que recebi o título de Top Voice.

Depois do artigo, mergulhei ainda mais fundo no assunto e criei a palestra "Teoria do Pato", que apresentei no TEDx. Mas isso não foi suficiente. Minha mente não funciona assim. Eu precisava ir além. Então, decidi compilar todos os questionamentos e criar este livro.

Ele é a junção de muitos textos publicados e de outros que ficaram engavetados — e que, finalmente, ganharam seu lugar.

Aqui, você vai encontrar uma abordagem surpreendente de autodescoberta, explorando temas como liderança, criatividade e empreendedorismo. Também reuni os "10 valores comportamentais dos patos", que me inspiram a construir uma carreira generalista, versátil e cheia de possibilidades pouco exploradas. Prepare-se para o mergulho.

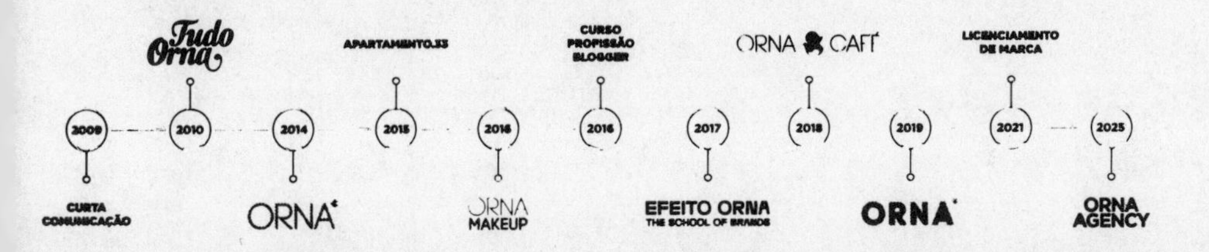

Linha do tempo da criação das nossas marcas e dos nossos projetos

P.S.: a classificação deste livro é irrelevante. Ele reúne conceitos biológicos, analogias, experiências autobiográficas, ferramentas práticas de gestão empresarial e crescimento pessoal. Em outras palavras, o livro transita entre o universo dos negócios e, por que não dizer, o da autoajuda. Aliás, nada pode ser mais gratificante para um autor do que imaginar que seus textos estão ajudando alguém a se desenvolver. Foi esse o impacto que o artigo "Seja um pato" gerou nos leitores, e é esse o efeito que eu desejo que ele tenha em você.

1. Que animal representa você?

Se você pudesse escolher um animal para representá-lo, qual seria?

Engraçado como essa pergunta nos acompanha. Eu era pequena, no início da vida escolar, mas me lembro perfeitamente de quando a professora, tentando acalmar a turma, perguntou:

— Se vocês fossem um animal, qual seriam?

A sala se encheu de vozes entusiasmadas:

— Eu seria um leão!

— Eu seria um tubarão!

— Eu seria uma girafa!

E, assim, seguimos. A infância passou, mas essa mesma pergunta continua aparecendo de tempos em tempos — geralmente em entrevistas, palestras motivacionais ou rodas de conversa: "Eu seria uma águia: forte, resiliente e ágil."

Por um tempo, achei que o golfinho era a minha escolha. Sempre me identifiquei com suas características comunicativas e sociáveis. Golfinhos prosperam em ambientes desafiadores e estão sempre atentos às mudanças. Além disso, o golfinho é o símbolo das relações públicas — minha formação e uma grande paixão.

Será que eu deveria escolher um animal mais "nobre" para me representar? Quem sabe um leão, símbolo de poder e prosperidade? Ou talvez uma coruja, arquétipo de sabedoria e visão?

Foi então que me perguntei: "O que é melhor: ter a fama de 'o mais poderoso' ou efetivamente 'conquistar o mundo'?"

Quando chegou a minha vez, eu disse:

— Eu seria um pato.

A resposta gerou risadinhas e foi seguida de um breve silêncio desconfortável. Parecia brincadeira — ou talvez eu estivesse tentando parecer humilde demais. Mas eu estava falando sério.

Dizem que o pato faz muitas coisas, mas nenhuma com maestria. Por muito tempo, essa ideia me fez subestimá-lo. Até que um dia descobri algo que mudou minha percepção: patos habitam todos os continentes da Terra — exceto a Antártida.

Algumas espécies são capazes de voar até 530km em apenas um dia.

Eles se adaptam a diferentes ambientes, de lagos e rios a oceanos e pântanos, e até se deslocam bem em terra. O pato-real, por exemplo, pode ser encontrado desde a tundra ártica até as áreas tropicais, em águas doces e salgadas.

Ser um pato é ter a capacidade de nadar, voar, mergulhar e andar. Ser generalista e ter flexibilidade.

Mesmo que não seja perfeito, o pato faz o que precisa ser feito — e segue dominando o mundo.

2. *Um animal generalista*

O pato é um generalista e um dos animais mais completos da natureza. Um bicho curioso, dotado da capacidade de aprender a fazer de tudo um pouco. O único que sabe nadar, andar, mergulhar e voar.

Algumas espécies de patos-mergulhões são capazes de escalar cachoeiras, pulando de pedra em pedra até o topo. Outros conseguem se empoleirar em árvores, usando suas garras, para dormir sob a proteção dos galhos. Aliás, os patos desligam apenas uma parte do cérebro enquanto dormem; a outra fica atenta a possíveis ameaças e perigos iminentes.

A formação em V do voo das espécies migratórias é uma estratégia de economia de energia. Os patos que estão mais à frente, na ponta do V, reduzem significativamente a resistência do ar para que os outros possam economizar energia durante o longo percurso migratório.

Essa disposição também pode aumentar a eficiência do voo em até 70%, proporcionando uma vantagem adaptativa significativa para as aves migratórias.

Quando o líder começa a dar sinais de exaustão, rapidamente outro pato que está por perto assume seu lugar, sem um comando sequer. Isso significa que eles têm uma noção incrível não apenas de direção, mas também de comunidade e de trabalho em equipe. Chamo isso de liderança revezada ou circunstancial.

Essas evidências científicas reforçam a incrível capacidade de adaptação e cooperação dos patos em suas migrações, ilustrando que estratégias comportamentais complexas podem ser fundamentais para a sobrevivência e o sucesso reprodutivo dessas aves ao longo de suas jornadas migratórias.

> “O PATO NÃO SE IMPORTA SE ELE É O MELHOR; ELE SIMPLESMENTE REALIZA.”

Com múltiplas habilidades e sabendo executá-las com competência, os patos conseguem ser altamente adaptáveis e sobreviver em diversas situações de risco. O pato não morre se cair de um lugar mais alto. O pato não se afoga na lagoa. O pato não morre fora da água. Os patos são nadadores tão eficientes que sua anatomia inspirou uma invenção essencial para mergulhadores e nadadores: o pé de pato. Criado por Benjamin Franklin em 1717, esse equipamento aumenta a propulsão e melhora a eficiência na água ao imitar as membranas interdigitais das patas de animais aquáticos. Esse é um exemplo clássico de biomimética, a ciência que estuda e adapta processos, formas e sistemas da natureza para resolver desafios humanos. Muito aplicada na engenharia, na arquitetura e no design de produtos, essa abordagem transforma observações do mundo natural em soluções inovadoras. No caso do pé de pato, a adaptação possibilita um deslocamento mais ágil e eficiente, reduzindo o esforço necessário para nadar.

Como me tornei um pato

Não sei dizer se me tornei um pato ou se simplesmente descobri ser como um.

O fato é que diversos acontecimentos na minha vida me fizeram entender que ser um pato é a metáfora que mais se encaixa no meu perfil — e no das minhas sócias e irmãs.

Eu, Bárbara e Julia Alcantara nascemos em Curitiba, capital do Paraná, terra das Araucárias, do pinhão e do "leiTE quenTE", no Sul do Brasil. Criamos nosso próprio negócio, ou melhor, negócios, na internet, totalmente do zero.

A história começou quando Bárbara, a mais velha do trio, fundou uma produtora de vídeos institucionais para a internet, a Curta; recém-formadas, iniciamos uma sociedade. Mas o negócio realmente começou a rodar com nosso blog de moda, o *Tudo Orna*, ainda em uma plataforma gratuita do Blogspot, em 2010.

Algo que você precisa saber é que não nascemos em uma família rica, não tivemos roupas de marca na infância e na adolescência, não fazíamos parte do mundo da moda, não herdamos nossos negócios, não pegamos empréstimo do banco nem mesmo recebemos dinheiro de investidores.

Na verdade, ao longo dos anos, recebemos muitos conselhos para desistir de um negócio tão arriscado. "Afinal, como é que se ganha dinheiro com um blog de moda?", (uma pergunta rotineira nos primeiros quatro anos fazendo produção de conteúdo na internet). Mas nós sabíamos exatamente a razão de tudo que fazíamos e já tínhamos bem claro aonde queríamos chegar.

Sempre fomos mentes inquietas. Queríamos criar — mesmo nem sempre sabendo o quê. Queríamos projetar Curitiba em tudo que faríamos — mesmo ainda não sabendo como. Queríamos que as pessoas acreditassem naquilo que nós também acreditávamos e que crescêssemos e aprendêssemos juntas — mesmo sem ainda saber como transmitir nossa visão de mundo de maneira convincente.

Fizemos (quase) tudo ao contrário do que é considerado ideal para abrir uma empresa. Sem dinheiro, sem seguir um plano de negócios, sem capital de giro, sem equipe, sem investidor, sem empréstimos. Tudo foi criado com poucos recursos (mas com um ótimo mentor. Leia-se: Papai).

Você já ouviu falar que só a vontade não basta, né? É preciso ter coragem de abrir mão de outros caminhos (aqueles que prometem estabilidade), além de ter que lidar com a constante preocupação de todos à sua volta, afinal você está nadando contra a maré.

Naquela época, acreditávamos que o futuro da comunicação estava nas redes sociais. Mas era quase impossível convencer qualquer cliente a investir em um blog, no YouTube ou fazê-lo entender que criar o próprio conteúdo na internet era uma grande vantagem competitiva.

Queríamos produzir vídeos institucionais curtos e roteiros criativos para YouTube, uma visão um pouco ambiciosa para um mercado que ainda estava assimilando as novas mídias, as redes sociais e tudo que hoje é impossível de ser ignorado. Naquela época, esse tipo de serviço não era nem procurado, tampouco aceito pelo mercado.

Frustradas por não conseguirmos trabalhar com a comunicação da maneira como acreditávamos, criamos o nosso próprio site, a nossa própria marca e o nosso jeito de fazer conteúdo. E assim nasceu o nosso blog, o *Tudo Orna*.

Criamos o *Tudo Orna* totalmente do zero, sem recursos significativos, utilizando uma plataforma gratuita e aproveitando ao máximo o que tínhamos à disposição. Essa abordagem nos permitiu criar o que se assemelhava a um produto viável mínimo (MVP), ou seja, uma versão inicial e simplificada do produto, funcional o suficiente para ser lançada para testes e validação.

Esse início do *Tudo Orna* nos proporcionou a oportunidade de testar a viabilidade da nossa ideia de negócio, mesmo que fosse simples, e de verificar se havia interesse e aceitação por parte do nosso público.

O *Tudo Orna* funcionou como um verdadeiro laboratório, proporcionando um ambiente onde pudemos experimentar e testar diferentes ideias e abordagens. Essa liberdade nos permitiu iterar e melhorar o produto ao longo do tempo, com base nas experiências e nos insights que obtivemos durante o processo de validação.

Nessa plataforma, pudemos desenvolver novas habilidades ao gerenciar nossa marca, liderar pessoas, trabalhar com estratégias de comunicação, criar novos layouts, programar, escrever sobre moda, pesquisar tendências de consumo, fotografar, produzir vídeos, criar conteúdo para redes sociais e palestrar. Esse foi o início da nossa carreira na área da produção de conteúdo de moda.

Entretanto, assim como a produtora trazia uma proposta inovadora de comunicação para a época, ser "blogueira" parecia ainda mais arriscado e incerto. Afinal, muitos não viam as blogueiras como empreendedoras de startups de moda, mas simplesmente como "patricinhas que queriam mostrar seu look do dia".

Decidimos ignorar o que os outros pensavam sobre nós e direcionar todas as nossas energias para o *Tudo Orna*. Embora desencorajadas por um lado, as mensagens de apoio de algumas seguidoras assíduas nos incentivavam a fazer mais e melhor.

Comprometidas com publicações diárias, aos poucos conquistamos um público engajado que passamos a acolher como nossas "quartas irmãs".

Para tornar o blog conhecido, distribuímos pessoalmente cartões de visita (na verdade, não era bem o tamanho do cartão de visita padrão, mas sim 55 x 55 cm para maior aproveitamento e baixo custo). Era um convite, "Conheça o Tudo Orna", com o endereço do blogspot.com, e saíamos por aí entregando em eventos de moda, saídas de universidades e lugares onde nossa audiência poderia estar. Distribuímos para o maior número de pessoas possível. Só precisávamos de uma oportunidade para que conhecessem o nosso trabalho, pois sabíamos que quem acessasse ficaria.

Naquela época não tinha Instagram, lembra?

Em pouco mais de um ano, estávamos entre as pessoas mais influentes do estado do Paraná segundo a revista *Documento reservado*.

Construímos nossa comunidade, nos tornamos "influenciadoras digitais" e nos profissionalizamos ao executar campanhas de publicidade para grandes marcas. Essas novas experiências nos preparavam para o futuro próximo: o que mais somos capazes de criar? Até onde essa história de blog pode nos levar?

Foi nesse momento que tiramos um grande sonho do papel: criar produtos autorais e outras marcas além do *Tudo Orna*.

Era apenas o começo das criações da ORNA, que se ramificou para outros segmentos, como cosméticos e licenciamentos.

De lá para cá, descobrimos que poderíamos fazer (e ser) muitas coisas. Por isso, naturalmente não ficamos paradas na agência ou só com o blog. Conseguimos somar habilidades e interesses, gerando novas profissões e negócios inovadores.

E é por isso que a ORNA é mais que uma bolsa, mais que um blog, mais que um negócio. É uma marca com valores claros e uma história única.

Todo produto ORNA carrega consigo nossa visão de mundo e um pouquinho de cada uma de nós.

A escolha do nome

Queríamos um nome que fosse bom de verdade, algo simples e que soasse familiar. Não precisava necessariamente estar restrito ao universo da moda; queríamos um nome que fizesse parte da nossa vida, que tivesse a ver com a gente. Julia se lembrou de uma palavra que achava *vintage* porque nossa avó Glacir usava muito. Era uma palavra bonita, utilizada por pessoas mais velhas do interior: ORNAR.

O significado coloquial de ORNAR

No dicionário, a origem da palavra vem de "ornamento". Ornar significa "vestir-se de ornatos ou enfeitar-se". No uso popular do verbo, ornar significa combinar. Exemplo: "Esta blusa orna com esse sapato", "Feijão orna com arroz", e por aí vai.

Essa palavra reunia em seu significado tudo aquilo que nós buscávamos. Pronto! Era isso. O domínio do nosso blog seria www.orna.blogspot.com. Perfeito. Só que, quando tentamos cadastrar, não estava disponível. Fomos testando todas as combinações possíveis, quase todas já utilizadas, até que, finalmente, o domínio www.tudoorna.blogspot.com estava livre.

A ideia de que "tudo ornava" fazia muito sentido para nós, então na mesma hora registramos aquele domínio. Ornar é algo muito pessoal; o que orna para você pode não ornar para mim e vice-versa, ninguém pode ditar isso. E era essa a linha editorial que seguíamos: a moda, antes de ser tendência, é essência, um modo de ser, e nosso estilo individual reflete isso. É a nossa forma de expressão visual, parte da nossa marca pessoal.

> "ADMINISTRAR SUA MARCA PESSOAL É MOSTRAR, DA MELHOR FORMA POSSÍVEL, TUDO O QUE JÁ É."

Ela é a combinação de sua comunicação visual, corporal, verbal e textual. Em outras palavras, é a união de seus capitais visual e intelectual, que molda sua identidade e imagem. Tudo o que você faz, veste, escreve e como se comporta comunica algo. Todos nós causamos uma impressão, mesmo que sem intenção. Tudo posiciona. Tudo comunica. Tudo orna.

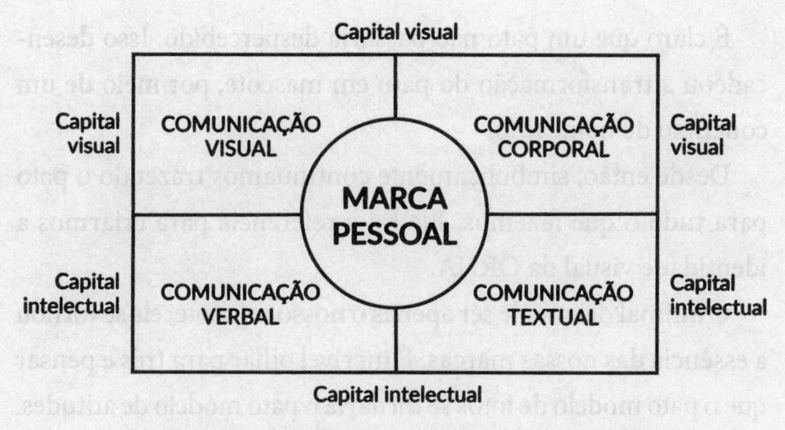

Os quatro pontos da comunicação da marca

Projetar com intenção sua marca pessoal é mostrar, da melhor forma possível, tudo o que já é.

Por que um pato?

A pergunta "por que um pato?" é uma das maiores curiosidades que o público tem em relação à nossa marca. O símbolo da ORNA é um pato. Porém, ao contrário do que se pode imaginar, quando esse animal surgiu na nossa vida, ele não tinha o significado que tem hoje.

Na verdade, o pato passou a ser o símbolo do nosso blog da maneira mais improvável possível. Sem nenhum planejamento ou uma boa narrativa.

Como nós mesmas personalizávamos o blog, um belo dia a Bárbara resolveu dar uma renovada no layout e incluiu um pato recortado de um dos nossos editoriais de look do dia; tínhamos tirado aquelas fotos em um lago cheio de patos. Ela só queria "ver como ia ficar".

É claro que um pato não passaria despercebido. Isso desencadeou a transformação do pato em mascote, por meio de um concurso de nomeação.

Desde então, simbolicamente continuamos trazendo o pato para tudo o que fazemos. Ele foi a referência para criarmos a identidade visual da ORNA.

O animal deixou de ser apenas o nosso mascote; ele se tornou a essência das nossas marcas. É incrível olhar para trás e pensar que o pato modelo de fotos se tornaria o pato modelo de atitudes.

Ele passaria a dar sentido a todas as nossas marcas futuramente.

No fim, tudo ORNA, tudo sempre ornou.

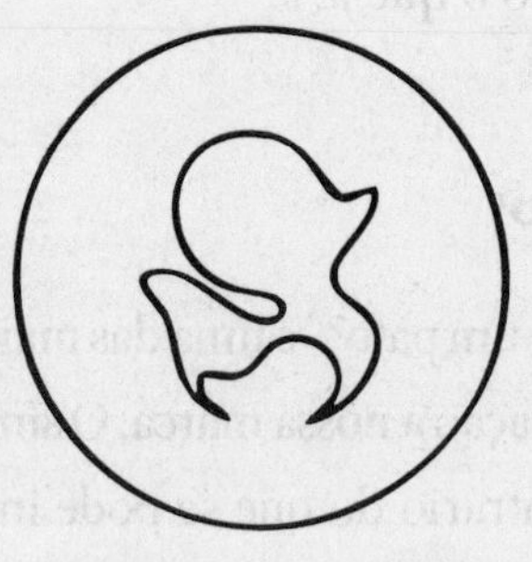

Logo da marca ORNA

3. O mito da multiespecialidade x multitarefa

Acredito que a ideia de ser generalista ou de ter múltiplas competências muitas vezes seja interpretada erroneamente como sinônimo de multitarefa.

Ser generalista não implica realizar várias atividades ao mesmo tempo, como sugere o conceito de multitarefa. Pelo contrário, ser generalista pressupõe a habilidade de adquirir conhecimentos e desenvolver competências em diversas áreas, mesmo que essas atividades sejam realizadas de maneira sequencial e não simultânea.

Além disso, ser generalista envolve a capacidade de relacionar áreas diferentes e propor soluções criativas para problemas complexos. Assim como os patos, que executam cada tarefa de maneira individual e focada, uma de cada vez, o que mostra uma abordagem eficiente das suas atividades.

Não é ser polvo, com vários braços.
Nem camaleão, que não se adapta,
apenas se camufla.

É ser pato. Nadar, voar, mergulhar
e andar. Adaptar-se.

Uma coisa de cada vez.
Aprender, reaprender, construir e
reconstruir, sempre que for preciso.

4. *O profissional do futuro*

Quando me perguntavam "O que você quer ser quando crescer?", eu respondia, ainda criança, que queria ser professora ou comerciante. Dois caminhos, dois sonhos, a mesma certeza infantil de que ensinar ou vender fariam parte da minha história.

Mas minha resposta nunca foi blogueira ou influenciadora. Quando eu imaginava o meu futuro, a internet nem existia — mas foi ela que nos deu a oportunidade de criar novos negócios e novas formas de trabalho.

Se foi assim com a minha geração, o que mais ainda vamos testemunhar? Provavelmente, transformações ainda mais profundas e irreversíveis, impulsionadas pelo avanço acelerado da automação, da inteligência artificial, do blockchain, da computação quântica e da biotecnologia. Essas tecnologias estão redefinindo não apenas como vivemos e trabalhamos, mas também a forma como nos conectamos com o mundo ao nosso redor. Vamos revisitar brevemente o passado? Durante a Revolução Industrial, as habilidades mais valorizadas eram aquelas ligadas à produção física e à operação de máquinas. O foco estava na especialização e na execução de tarefas repetitivas, predominantemente em ambientes industriais.

Com a Revolução Digital, as habilidades se tornaram mais diversificadas, abrangendo não apenas competências técnicas, mas também sociais e emocionais. As profissões estão cada vez mais interdisciplinares e os profissionais precisam se adaptar rapidamente a novas tecnologias e mudanças constantes no ambiente de trabalho.

O relatório Futuro do Trabalho 2025, elaborado pelo Fórum Econômico Mundial, apresenta as tendências que moldarão o mercado de trabalho entre 2025 e 2030. A pesquisa, realizada em 55 países, baseia-se nas respostas de mais de mil empregadores, oferecendo uma visão abrangente das habilidades mais valorizadas no futuro.

Segundo o estudo, nos próximos anos, a principal demanda do mercado vai ser por pessoas que tenham as seguintes competências: pensamento analítico, resiliência, flexibilidade e agilidade, liderança e influência social, pensamento criativo, autoconhecimento, curiosidade e aprendizado contínuo.

Além disso, o relatório estima que, até 2030, aproximadamente 170 milhões de novos empregos serão criados, enquanto cerca de 92 milhões de empregos poderão ser deslocados pela automação, resultando em um aumento líquido de 78 milhões de empregos.

O profissional do futuro precisará ir além do domínio técnico, desenvolvendo um **amplo repertório de competências com-**

portamentais, como **resiliência, adaptabilidade, comunicação eficaz e liderança em ambientes colaborativos.**

Mais do que nunca, a **capacidade de aprender e se reinventar continuamente** será essencial.

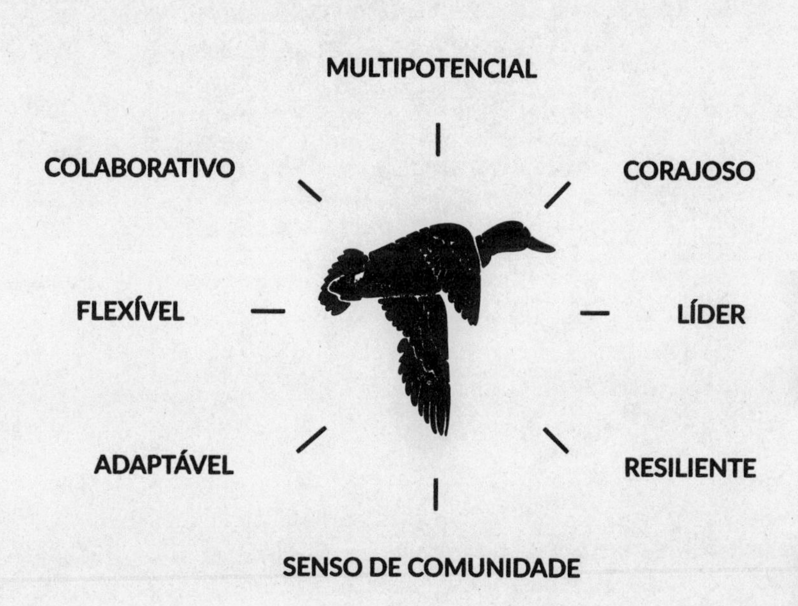

5. *Perfis profissionais opostos: pato x águia*

A águia é um dos animais mais escolhidos quando buscamos um arquétipo de força. Não à toa, ela é símbolo dos Estados Unidos — um país que carrega uma forte representação da liberdade no Ocidente.

Até meados dos anos 2000, a metáfora do profissional águia era amplamente celebrada. Livros, palestras e cursos exaltavam essa ave como um exemplo a ser seguido, destacando sua visão estratégica, precisão e excelência. A águia representava o "especialista" — alguém cuja habilidade de se aprofundar em uma área específica era vista como a chave para o sucesso.

O mercado valorizava expertise vertical, carreiras lineares e planos bem traçados dentro das empresas. A trajetória profissional era previsível — bastava escolher uma graduação e seguir aprimorando-se naquela área ao longo da vida.

Porém, com as mudanças trazidas pela era digital e a constante evolução das demandas do mercado, a figura do profissional águia começou a ser questionada. Por mais alto que uma águia voe, seu campo de visão é limitado a um território específico. Ela é solitária por natureza, sempre caçando e vivendo de forma isolada. Há força e beleza nessa metáfora, mas também há restrição.

Esse modelo reflete a ideia de que a escolha de uma graduação aos 18 anos define todo o curso da sua vida profissional. Como se essa decisão fosse uma sentença irrevogável, desconsiderando que o mundo — e nós — estamos, a todos os momentos, nos transformando.

A valorização do aprendizado contínuo, da capacidade de colaborar e inovar está moldando um novo perfil — mais flexível, multifacetado e resiliente. Em um mundo onde as carreiras são cada vez mais não lineares, voar como uma águia talvez não seja suficiente. É preciso também saber nadar, andar e mergulhar conforme as demandas e as oportunidades surgem.

O profissional pato não se limita a uma trajetória previsível, mas abraça a diversidade de experiências, compreendendo que o verdadeiro diferencial está em sua adaptabilidade e na capacidade de se reinventar constantemente.

Perfil Águia, da era industrial e pré-digital (até o início dos anos 2000)	**Perfil Pato, da era digital e contemporânea (anos 2000 em diante)**
Especialista: concentra-se em áreas específicas, aprimorando seus domínios	Generalista: versátil, capaz de ornar diferentes domínios
Determinado: mantém uma abordagem firme e centrada em suas atividades	Adaptável: ajusta-se com facilidade a diferentes contextos e situações
Prefere trabalhar sozinho, confiando nas próprias decisões	Colabora e tira proveito do esforço coletivo
Rígido: segue uma direção predefinida. Carreira linear	Flexível: adapta-se rapidamente a mudanças e novas circunstâncias no ambiente profissional. Carreira não linear
Tem as respostas	Sabe fazer as perguntas certas

Se o profissional do futuro é adaptável e multifuncional, enquanto o passado exaltava o foco e a especialização, estamos diante de dois perfis opostos ou de características que, na verdade, se complementam?

6. Nem mais, nem menos: único

Talvez não se trate de escolher entre ser pato ou águia, e sim de reconhecer que ambos desempenham papéis essenciais em diferentes momentos e contextos. O verdadeiro diferencial não está em definir qual perfil é melhor, mas em entender que cada um contribui de forma única para o sucesso de uma equipe ou organização.

Essa é a perspectiva que John Maxwell mostra em *O líder 360º*[3]. Para Maxwell, as habilidades inatas de cada pessoa — seja a visão aguçada da águia ou a versatilidade do pato — devem ser valorizadas e aplicadas onde fazem mais sentido. Tentar fazer com que uma águia nade ou que um pato voe a grandes altitudes não apenas frustra, mas desperdiça potencial.

Maxwell ressalta que o segredo para uma cultura de trabalho colaborativa e eficiente é colocar as pessoas nas posições que realçam seus talentos naturais. Em suas palavras: "Há um espaço determinado em que cada pessoa pode agregar o seu melhor valor."

Então, talvez a verdadeira liderança esteja em cultivar um ambiente onde patos e águias possam coexistir, cada um contribuindo com suas habilidades de forma única e essencial.

> "VOCÊ NÃO É MAIS, VOCÊ NÃO É MENOS. VOCÊ É ÚNICO."

E você? Se enxerga mais como águia, com foco e precisão, ou como pato, abraçando a diversidade de habilidades?

As Três Ondas dos Generalistas

Essa capacidade de navegar entre especialização e generalismo não é uma novidade. A história nos mostra que essa oscilação é cíclica, acompanhando os desafios e as transformações de cada era.

Ao longo do tempo, o pêndulo do conhecimento balançou entre o aprofundamento técnico e a visão ampla e integrada. Em períodos de estabilidade, a especialização brilhou. Mas, em momentos de grandes questionamentos e mudanças, foram os generalistas que assumiram o protagonismo, costurando diferentes saberes para criar soluções inovadoras.

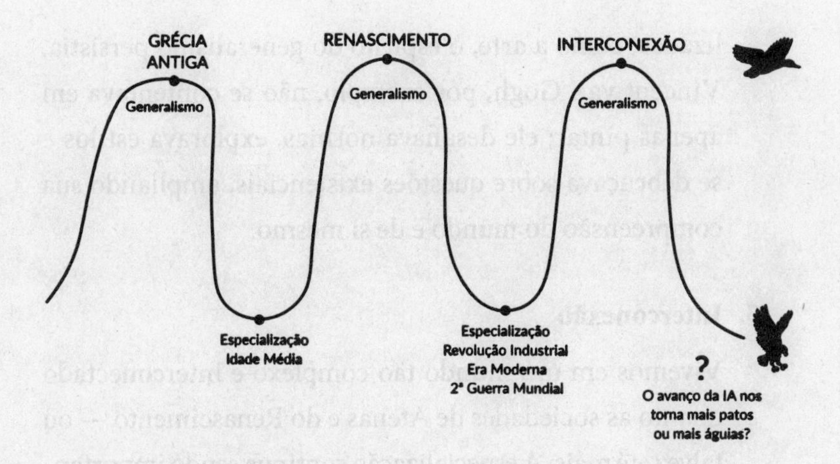

1. **Grécia Antiga**

   Na Atenas clássica, o generalismo era mais do que um traço desejável: era uma necessidade. Os cidadãos atenienses participavam ativamente de diversas esferas da vida pública, enquanto a filosofia permeava múltiplas disciplinas. O questionamento abrangente era o coração da sociedade, que relacionava ética, política, arte e ciência. A complexidade do mundo grego exigia uma mente aberta e capaz de interligar diferentes áreas.

2. **Renascimento**

   Séculos depois, o Renascimento trouxe à tona a figura do *Homo universalis* — o homem que dominava diversas artes e ciências. Leonardo da Vinci, símbolo máximo desse período, transbordava criatividade e inovação ao explorar campos tão variados como anatomia, engenharia e pintura. E, mesmo em áreas tradicionalmente vistas como especializadas, como a arte, o espírito do generalismo persistia. Vincent van Gogh, por exemplo, não se contentava em apenas pintar; ele desafiava normas, explorava estilos e se debruçava sobre questões existenciais, ampliando sua compreensão do mundo e de si mesmo.

3. **Interconexão**

   Vivemos em um mundo tão complexo e interconectado quanto as sociedades de Atenas e do Renascimento — ou talvez até mais. A especialização continua sendo importante, mas é a habilidade de conectar pontos e integrar saberes que diferencia os generalistas do presente. Me questiono se ser generalista hoje é, na verdade, uma forma de ultraespecialização altamente nichada? Talvez ser generalista não seja o oposto de ser especializado. Ser generalista pode ser uma estratégia de especialização em que habilidades combinadas o tornam um "especialista" em um nicho ainda inexistente, o seu. Ou seja, você é o seu nicho.

Se antes buscávamos um nicho para nos encaixar e conquistar uma fatia de um mercado maior, hoje, criamos nossa própria marca pessoal e somos nosso próprio nicho.

ANTES

"Escolha um nicho e se encaixe"

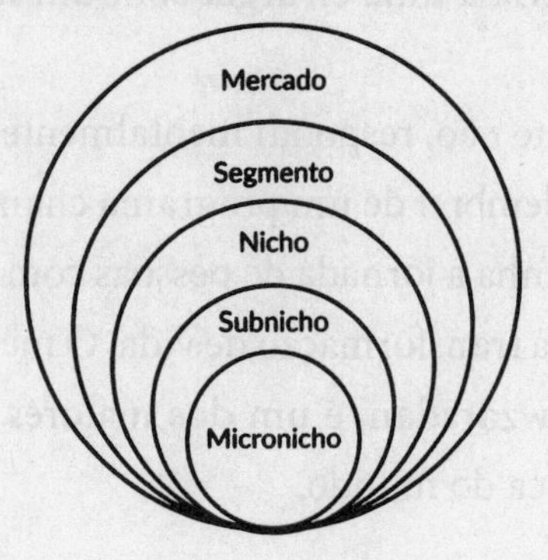

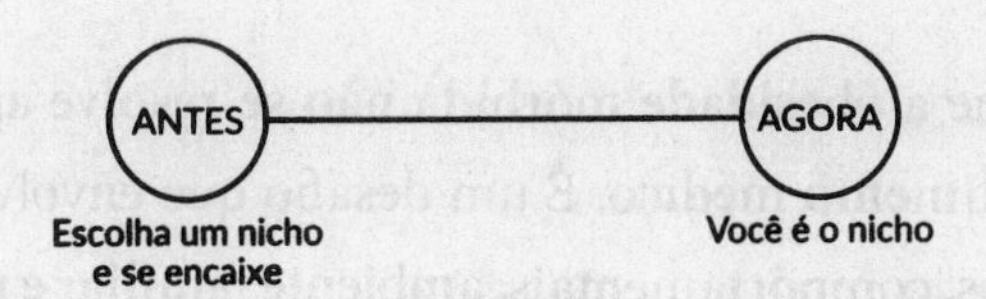

AGORA

Você é o nicho.

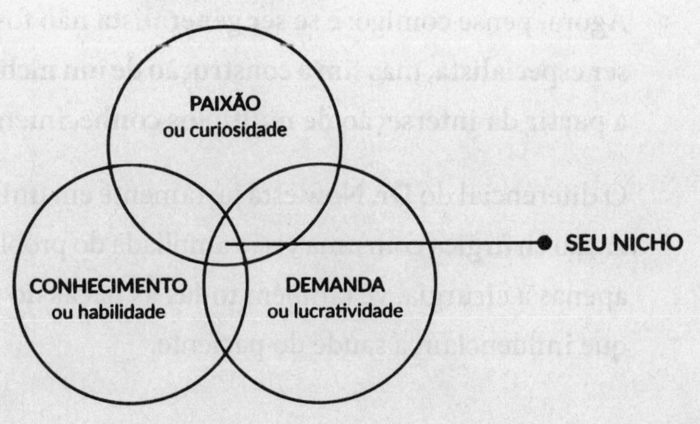

Nesse ponto do raciocínio, me peguei questionando: "Débora, você se submeteria a uma cirurgia com um médico que não é especialista?"

Provavelmente não, respondi mentalmente.

Mas, então, me lembrei de um programa chamado *Quilos mortais*. Ele acompanha a jornada de pessoas com obesidade severa em busca de uma transformação de vida. O médico responsável, Dr. Younan Nowzaradan, é um dos maiores especialistas em cirurgia bariátrica do mundo.

Só que o que torna o trabalho do Dr. Now tão impactante **não é apenas sua técnica cirúrgica inovadora**, mas sim sua capacidade de enxergar o problema **para além da cirurgia.**

Ele sabe que **a obesidade mórbida não se resolve apenas com um procedimento médico.** É um desafio que envolve **aspectos psicológicos, comportamentais, ambiente familiar e reeducação alimentar.** Seu método vai muito além da sala de cirurgia: ele **integra diferentes áreas do conhecimento** para garantir resultados sustentáveis a longo prazo.

Agora, pense comigo: **e se ser generalista não fosse o oposto de ser especialista, mas sim a construção de um nicho único, criado a partir da interseção de múltiplos conhecimentos?**

O diferencial do **Dr. Now** está justamente em unir sua **especialização cirúrgica** com uma visão ampliada do problema. Ele não vê apenas a cirurgia, vê também **todas as peças do quebra-cabeça** que influenciam a saúde do paciente.

Isso nos leva a uma questão essencial: **ao combinar competências de diferentes áreas, um profissional pode criar um nicho único.**

Nem a inteligência artificial escapa da velha pergunta: vale mais ser generalista ou especialista? Modelos como o ChatGPT são generalistas — versáteis, com amplo alcance. Já as chamadas IAs verticais serão altamente focadas e deverão se destacar em áreas específicas. Esse dilema, antes humano, agora é também algorítmico — e nos força a repensar o que valorizamos em uma era de múltiplas inteligências.

Será que a verdadeira especialização está na capacidade de integrar diferentes conhecimentos de forma estratégica? Ou, assim como águias e patos, especialistas e generalistas têm seus lugares, cada um cumprindo seu papel?

Se a história nos ensina algo, é que os momentos de grande transformação sempre criam oportunidades para aqueles que **se recusam a ser limitados por uma única habilidade ou área de atuação.**

No fim, talvez o verdadeiro diferencial **não esteja na escolha entre ser especialista ou generalista, mas nos valores comportamentais que moldam a forma como nos posicionamos no mundo.**

7. Os 10 valores comportamentais dos patos

Quais valores e habilidades são mais valiosos em um mundo onde as competências cognitivas, sociais e emocionais se tornam mais relevantes do que as técnicas?

Os patos oferecem um espelho fascinante para reflexões sobre valores humanos. Sua dedicação à família e ao grupo reflete compromisso e colaboração. Diante de desafios naturais, como predadores, demonstram coragem e determinação. Além disso, sua comunicação clara e os gestos de cuidado mútuo evidenciam consideração e senso de comunidade.

Foi durante essa pesquisa que mapeei os dez valores comportamentais dos patos, que podem servir como inspiração para o desenvolvimento dessas habilidades essenciais: coragem, compromisso, colaboração, celebração, clareza, consistência, conhecimento, consideração, comunidade e comunicação.

1. Coragem

A habilidade dos patos de identificar rapidamente um ambiente inadequado e tomar decisões ágeis para migrar é um exemplo notável de coragem.

Em *A coragem de não agradar*, de Ichiro Kishimi e Fumitake Koga[4], os autores destacam que a coragem está intrinsecamente ligada à liberdade interior, mesmo que isso signifique desafiar as expectativas dos outros.

Esse exemplo pode ser aplicado aos patos em diferentes perspectivas, e uma delas é o fato de que eles não hesitam em deixar um ambiente desfavorável a fim de buscar melhores condições de vida (mesmo que isso implique enfrentar desafios desconhecidos).

Brené Brown, em *A coragem de ser imperfeito*[5], mostra que a coragem está relacionada à disposição de assumir riscos mesmo diante do medo e da incerteza.

Os patos, ao migrar para novos ambientes em busca de condições mais favoráveis, demonstram uma coragem semelhante, prontos para enfrentar o desconhecido em busca de uma vida mais adequada.

Essa habilidade de identificar rapidamente um ambiente inadequado e tomar decisões ágeis para recalcular a rota também pode ser associada ao conceito de "agilidade" na gestão organizacional.

Autores como Jeff Sutherland, criador do framework Scrum — uma metodologia de gestão de equipes baseada na transparência, na inspeção e na adaptação —, ressaltam a importância da agilidade nas organizações para responder com rapidez às mudanças do mercado e às demandas dos clientes. Os patos, quando migram rapidamente ao identificar um ambiente hostil, exemplificam essa capacidade de agir com urgência e adaptabilidade diante das mudanças ambientais.

O pensamento é o seguinte: "Tentamos. Testamos. Não deu certo aqui. Vamos migrar!"

Manter resquícios da mentalidade da era industrial, quando se acreditava que certas tarefas não eram de responsabilidade individual, não é mais viável nos dias de hoje.

2. Compromisso

Imagine uma manhã gelada, com um vento cortante varrendo a paisagem e um grande lago congelado refletindo a luz fria do amanhecer.

Quando o inverno rigoroso se aproxima e os primeiros sinais de frio começam a ser sentidos, os patos não têm a opção de se aconchegar em um lugar quente e confortável. Suas patas quase congeladas e as penas cobertas por flocos de gelo testam sua resistência. Em meio a esse cenário desafiador, eles enfrentam situações de extremo desconforto e perigo.

> "TENTAMOS. TESTAMOS. NÃO DEU CERTO AQUI. VAMOS MIGRAR!"

Nesses momentos críticos, os patos não podem se dar ao luxo de esperar passivamente pelo retorno do clima ameno. Instintivamente, eles sabem que precisam agir depressa para garantir sua sobrevivência. Sem hesitar, eles partem em busca de um novo ambiente onde possam encontrar alimento e abrigo. Seja voando para uma região mais quente ou migrando para um lago descongelado, os patos demonstram uma determinação inabalável ao enfrentar os desafios impostos pela mudança das estações.

Estudos conduzidos por renomados biólogos especializados em comportamento animal, como Kevin Aagaard, Eric Lonsdorf e Wayne Thogmartin[6], documentam meticulosamente as estratégias de sobrevivência dos patos em ambientes de inverno rigoroso. Suas pesquisas destacam a habilidade dessas aves de migrar para áreas mais favoráveis quando necessário, evidenciando sua incrível capacidade de adaptação.

"FEITO É MELHOR QUE PERFEITO, DESDE QUE O FEITO SEJA BEM FEITO."

A determinação e o comprometimento dos patos com sua a própria sobrevivência são um exemplo inspirador para todos nós. Quando assumirmos a responsabilidade pelas nossas ações e enfrentamos os desafios com determinação, seguimos o exemplo dos patos e nos tornamos mais resilientes. Como ressalta Stephen R. Covey em *Os 7 hábitos das pessoas altamente eficazes*[7], ter comprometimento envolve assumir a responsabilidade pelas nossas escolhas e agir de acordo com nossos valores e metas, mesmo diante das adversidades.

3. Colaboração

Durante os voos migratórios, os patos adotam a formação em V não apenas como estratégia de voo, mas como demonstração de trabalho em equipe e cooperação mútua.

Em 1970, os engenheiros P. B. S. Lissaman e C. A. Shollenberger[8] publicaram um estudo pioneiro na revista Science, modelando o voo em formação de aves migratórias. Eles demonstraram que a clássica formação em "V" permite significativa economia de energia, já que as aves que lideram reduzem o arrasto do ar para as que vêm atrás. Esse arranjo aerodinâmico não apenas facilita voos mais longos, como também amplia o campo visual coletivo, favorecendo a vigilância e a navegação em grupo.

Em *Inteligência emocional*[9], Daniel Goleman ressalta a importância da colaboração e da inteligência social para o sucesso em ambientes sociais e profissionais. A capacidade de trabalhar em equipe, compartilhar recursos e ideias e apoiar uns aos outros é a base para a criação de um senso de comunidade e de pertencimento.

Os patos, quando voam em formação de V, não apenas exemplificam princípios aerodinâmicos como também demonstram valores essenciais, como solidariedade, cooperação e confiança mútua.

Essa lição dos patos é especialmente relevante em um mundo cada vez mais interconectado.

4. Celebração

Mesmo que pareça fácil manter uma perspectiva otimista quando as ideias estão frescas na mente, a realidade muitas vezes nos desafia com cansaço, estresse e ansiedade. Em momentos assim, é natural que questionemos como os patos, durante suas longas jornadas migratórias, conseguem se manter firmes, faça chuva ou faça sol.

Existem fatores biológicos, mas, para além deles, uma das chaves para entender essa determinação dos patos está na maneira como eles se apoiam mutuamente durante o voo. Os patos que estão na retaguarda emitem sons encorajadores, como grasnos, para motivar e incentivar aqueles que estão à frente. Essa interação sonora não só aumenta a coesão do grupo como impulsiona a velocidade e o desempenho de todo o bando.

Estudos realizados por biólogos especializados[10] em comportamento animal destacam a importância dos sons emitidos por aves, incluindo os patos, na coordenação de atividades coletivas. Esses sons desempenham um papel fundamental na comunicação e no fortalecimento dos laços sociais entre os membros da revoada.

Dale Carnegie, um dos meus autores preferidos, enfatiza a importância do incentivo e da valorização mútua. Ele ressalta que reconhecer os esforços e as conquistas dos outros fortalece os relacionamentos e cria um ambiente de colaboração e apoio mútuo.

Ao reconhecer e valorizar nossas conquistas, por menores que sejam, construímos uma base sólida de positividade que nos sustenta nos momentos difíceis. Não se trata de ignorar a realidade, que diariamente se apresenta com acontecimentos inesperados e situações desanimadoras, mas sim de enfrentá-la com esperança.

Quando celebramos não apenas nossas próprias conquistas, mas as do outro, criamos um ambiente favorável.

Minha irmã Julia sempre repete a frase "a vida é boa" num esforço de olhar para o dia a dia com otimismo. E aqui insiro um interlúdio escrito por ela:

A vida é boa. Mas a vida é dura.

"A VIDA É BOA."

Ninguém avisa direito o bom samaritano que tem vontade de morar em outro país sobre as dificuldades que ele pode enfrentar.

Eu tive a sorte de crescer na minha família, a típica família tradicional curitibana. Tudo certinho, seguindo o protocolo: estudar, passar no vestibular, fazer faculdade, casar e ter filhos. A fórmula que tem dado certo por séculos.

Ninguém me contou que, quando mudamos o percurso, as tribulações vêm junto. Cada escolha é uma renúncia.

Quando decidi me mudar para os EUA, sabia da parte boa. Mas a vida não é um morango. A vida é dura. E eu, que sempre estive acostumada a ter minha família por perto, me vi sozinha, em outro país, com poucos — e às vezes nenhum — amigo por perto, muito menos a família.

Como um "ato de desespero para tentar sabotar meu próprio cérebro", comecei a repetir um mantra: *Julia, a vida é boa.*

O desânimo não escolhe onde você está. Ele vem, e vem pesado.

Então, olhei para minha sorte. Eu podia acordar e ver o mar. Passei a registrar algo bonito do meu dia e escrevia na tela do celular: **A VIDA É BOA.**

A vida é dura. Mas a vida é boa.

E, no meio de tanta coisa, eu prefiro ver o copo meio cheio.

> "No mundo tereis tribulações; mas tende bom ânimo, eu venci o mundo."
>
> (João 16:33.)

5. Clareza

Ter clareza nada mais é do que ter uma compreensão nítida de nossos objetivos, valores e prioridades.

Quando sabemos para onde estamos indo e por que estamos indo nessa direção, podemos tomar decisões mais alinhadas a nossas aspirações e criar um plano de vida significativo.

Responder rapidamente a perguntas como "O que é prioridade para você?" e "Para onde você está indo?" nos ajuda a refletir sobre nossos valores e metas pessoais. Essa autoconsciência é o primeiro passo para cultivar a clareza em nossas vidas.

Assim como os patos têm um senso claro de direção durante suas migrações, podemos definir metas claras e específicas em diferentes áreas de nossa vida. Estabelecer objetivos de curto, médio e longo prazo nos permite visualizar o que queremos alcançar e traçar um plano de ação para chegar lá.

Com clareza, nos tornamos mais confiantes, criativos e realizadores, pois estamos vivendo de acordo com nossos propósitos mais profundos.

Aqui cabe uma observação importante: embora o planejamento seja o ponto de partida da clareza, não quer dizer que ele seja imutável.

Pensar em planejamento com flexibilidade e ter sempre um "plano B" também nos ajuda a não ser tão rígidos quando as coisas não saem como o esperado. É quando estamos em movimento que as oportunidades geralmente surgem e a mente se abre para novas possibilidades.

Lembro-me dos primeiros anos trabalhando com a internet e investindo no nosso blog. Era essencial estabelecer um modelo de negócio sustentável e recorrente. Em busca de orientação, consultei o professor-diretor da minha pós-graduação, especializado em marketing digital, com uma experiência inquestionável e casos de sucesso.

Entusiasmada, apresentei nosso projeto e expus as possibilidades de crescimento, inclusive a ideia de desenvolvermos nossos próprios produtos. Foi então que ele interrompeu minha fala, desenhou um grande círculo em uma folha em branco e destacou uma pequena fatia.

Nesse gráfico pizza, o grande espaço era a mídia tradicional; e a pequena fatia, a mídia digital. Ele comparou as duas áreas e alertou que, embora o marketing digital estivesse em ascensão, era uma área especulativa e arriscada.

Mesmo ele, como diretor do curso, não imaginava o potencial do marketing digital, apesar de os estudos de tendências indicarem seu crescimento nos anos seguintes. Não me lembro de ter encontrado alguém que acreditasse de verdade na viabilidade de "viver de blog".

Diante das incertezas, recorremos, então, ao Sebrae (Serviço Brasileiro de Apoio às Micro e Pequenas Empresas) em busca de uma luz. Após meses de consultoria e da elaboração de um plano de negócios, nosso empreendimento foi considerado "de alto risco".

A falta de capital de giro e a incerteza do retorno sobre investimento nos desafiavam. No entanto, tínhamos convicção de que encontraríamos soluções, mesmo que precisássemos criá-las.

> "FAÇA O QUE VOCÊ PODE, COM O QUE VOCÊ TEM, NO LUGAR ONDE VOCÊ ESTÁ."

O nosso blog, *Tudo Orna*, representava uma oportunidade real de negócio, e o tempo mostrou que de fato o mercado digital era promissor.

Assim como os patos voam convictos em direção ao seu destino, podemos seguir em frente com clareza em busca de nossos próprios sonhos.

Parafraseando Theodore Roosevelt, "faça o que você pode, com o que você tem, no lugar onde você está". A clareza ajuda a ampliar nosso potencial, mesmo com limitações.

6. Consistência

Para ilustrar o valor da consistência, vou falar sobre as penas de um pato.

Elas são um exemplo fascinante de consistência e proteção. Mesmo quando o pato nada submerso na água, a camada mais interna de suas penas permanece completamente seca, graças a uma cobertura de cera impermeabilizante. Essa característica

não só mantém as penas limpas como também protege o pato da chuva e de agentes externos.

Da mesma forma, é fundamental que cultivemos um mecanismo de proteção em nossas vidas. Assim como as penas do pato repelem a água, precisamos nos tornar "impermeáveis" à chuva de conselhos destrutivos para manter nossa consistência e integridade.

Por que deveríamos ouvir críticas construtivas de quem nunca construiu nada? Essa pergunta simples, mas profunda, me fez repensar minha abordagem em relação aos conselhos que recebia.

A pesquisadora Brené Brown, em sua palestra no TED sobre "O poder da vulnerabilidade"[11], mostrou uma nova perspectiva para essa reflexão. Ela nos lembra de que muitas vezes as pessoas que mais criticam são aquelas que nunca correram riscos nem enfrentaram desafios significativos em suas próprias vidas. Portanto, filtrar os conselhos daqueles que não têm experiência relevante ou empatia pelo nosso contexto é muito bom para manter nossas penas secas.

Experimentar filtrar os "conselhos" daqueles que não têm uma compreensão genuína de nossa situação pode ser transformador. Ao fazer isso, nos protegemos de influências negativas e nos concentramos naquilo que realmente importa para nosso crescimento e desenvolvimento pessoal.

7. Conhecimento

Pesquisas conduzidas por renomados biólogos comportamentais, como os estudos realizados pela Universidade de Cornell e pela Universidade de Oxford[12], examinam o desenvolvimento comportamental dos patos desde o momento de seu nascimento até a fase da maturidade.

Nesse meio, estudos detalhados observam cuidadosamente que os patinhos adquirem habilidades essenciais para sua sobrevivência, como a natação, logo nas primeiras horas de vida. Esse período inicial é decisivo, pois é quando os patinhos estão mais receptivos ao aprendizado e à formação de comportamentos que serão fundamentais ao longo de suas vidas.

Espécies como o pato-mandarim (conhecido como o pato mais bonito do mundo) são notáveis por encorajar seus filhotes a voar e mergulhar pouco tempo depois de deixarem o ninho, demonstrando que a autonomia é incentivada desde cedo entre os patos. Essa prática é essencial para que os patinhos desenvolvam habilidades necessárias para sua sobrevivência e adaptação ao ambiente ao seu redor.

Cultivar desde cedo o desejo pela autonomia, o interesse em adquirir novos conhecimentos e o compromisso com o autodesenvolvimento é um valor essencial.

8. CONSIDERAÇÃO

Bandos de patos adotam uma estratégia inteligente de revezamento na liderança e nas "tarefas pesadas" durante suas viagens migratórias. Esse revezamento de liderança garante que nenhum pato fique sobrecarregado ou exausto, demonstrando um ato de consideração mútua. Essa prática não apenas promove a saúde e o bem-estar do líder, mas também fortalece os laços entre os membros do grupo, criando uma cultura de apoio e solidariedade.

Quando um pato adoece durante a migração, o grupo demonstra notável solidariedade ao abandonar temporariamente a jornada para ajudar e proteger o companheiro doente.

E esse cuidado mútuo não se limita apenas aos momentos de doença, estendendo-se ao cuidado com os filhotes. Embora seja mais comum que as fêmeas assumam o papel principal no cuidado com os filhotes, há exemplos, como o pato-mandarim, em que os machos desempenham um papel ativo nesse processo.

Estudos destacam[13] a participação ativa tanto das fêmeas quanto dos machos no cuidado com a prole em diferentes espécies de patos. Essa divisão de responsabilidades parentais ressalta a importância da cooperação entre os membros do casal para garantir o sucesso reprodutivo e a sobrevivência dos filhotes.

Culturalmente, especialmente na China, o pato-mandarim aparece como símbolo de fidelidade conjugal. Isso porque, após o acasalamento, os casais são mantidos para o resto da vida.

Assim como os patos dependem uns dos outros para sobreviver e prosperar, nós, seres humanos, também precisamos reconhecer a importância de dar e aceitar ajuda.

Em um mundo cada vez mais interconectado, a consideração é um valor inestimável.

9. Comunicação

Os patos são animais altamente comunicativos. Eles utilizam uma variedade de vocalizações e sinais visuais para interagir entre si e coordenar suas atividades em grupo. Movimentos da cabeça, postura corporal e a exibição de cores da plumagem podem transmitir informações importantes sobre ameaças, oportunidades de alimentação ou simplesmente reforçar os laços sociais dentro do bando.

A comunicação eficaz ajuda os patos a sobreviverem e prosperarem em seu ambiente natural, além de servir como um exemplo poderoso de que se comunicar é essencial para a coexistência harmoniosa e o funcionamento eficaz de qualquer grupo social — incluindo nós, humanos.

Mas já ouvi dizer que os patos são barulhentos, que incomodam e que, quando estão juntos, gritam e causam confusão. Talvez eles sejam tão incompreendidos como os generalistas, com currículos não lineares, muita informação difusa e que, à primeira vista, não parece fazer sentido.

Esse é o grande desafio de mostrar ao mundo o valor de um generalista.

Como deixar claro que sou um generalista (ou ultraespecialista) sem parecer uma pessoa sem foco, que pula de galho em galho e não é comprometida?

O *pulo do pato* (permitindo-me brincar com o famoso *pulo do gato*) está em desenvolver e gerir sua marca pessoal, comunicando-a ao mundo de forma eficaz.

Isso significa trazer unidade, identidade e repetição na maneira como deseja ser percebido. A mistura, muitas vezes improvável, precisa convergir para uma mesma direção, uma mesma missão e uma visão clara. Os valores devem ser reforçados continuamente para dar coerência à narrativa.

Uma forma de tornar essa comunicação realmente impactante é usar o *pathos*, recurso aristotélico que usei tanto no artigo do LinkedIn quanto na minha palestra no TEDx e agora neste livro. Graças a esse estudo, hoje sei como manifestar minha visão de mundo, e quero que você aprenda também.

Aristóteles nos ensina a defender nossas ideias e a construir argumentos de modo a influenciar opiniões de maneira positiva.

Baseio minha escrita e oratória nos três pontos fundamentais da retórica aristotélica:

- ***Ethos***: Aristóteles afirma que o público tende a ser persuadido por alguém que é visto como ético e confiável. É essencial mostrar credibilidade e autoridade durante a exposição de suas ideias. Cuide da sua marca pessoal.
- ***Pathos***: Aristóteles enfatiza que devemos evocar os sentimentos adequados no público, ou seja, trazer emoção, propósito e sentido na construção narrativa.
- ***Logos***: Aristóteles destaca a importância de apresentar argumentos sólidos e bem fundamentados, utilizando o raciocínio lógico e evidências convincentes.

Quando falhamos em defender nossas ideias, corremos o risco de ser rotulados por outros.

Se você não contar sua história, quem é, o que faz e por que faz o que faz, de duas, uma: ou ninguém saberá ou os outros contarão a sua história por você.

É com esse propósito que quero apresentar a você uma ferramenta capaz de ajudá-lo a assumir o controle da sua narrativa.

Veja como usei o *ethos*, o *pathos* e o *logos* ao longo da elaboração deste livro:

- *Ethos*: no início do livro, quando compartilhei minha formação em relações públicas e minha paixão por essa atividade, permiti que você, leitor, conhecesse minha identidade e meu conhecimento técnico em comunicação. Isso, naturalmente, reforça minha credibilidade.

***ethos* = credibilidade**

- *Pathos*: quando utilizo metáforas e analogias com animais, busco despertar emoções por meio de meus argumentos. Visualizando o golfinho como comunicativo e sociável, ou o pato como corajoso, resiliente e persistente, é possível que você se identifique com essas qualidades, gerando uma conexão emocional entre nós. É interessante notar que "*pathos*" é a nomenclatura usada por Aristóteles para descrever as emoções que vêm do coração. Essa interessante e curiosa coincidência pode ajudar você a memorizar e aplicar esse conceito no dia a dia.

***pathos* = coração**

- *Logos*: ao apresentar exemplos concretos das características do pato e mostrar como elas se relacionam com as habilidades necessárias para empreender, estou fornecendo argumentos embasados em dados e fatos.

***logos* = lógica**

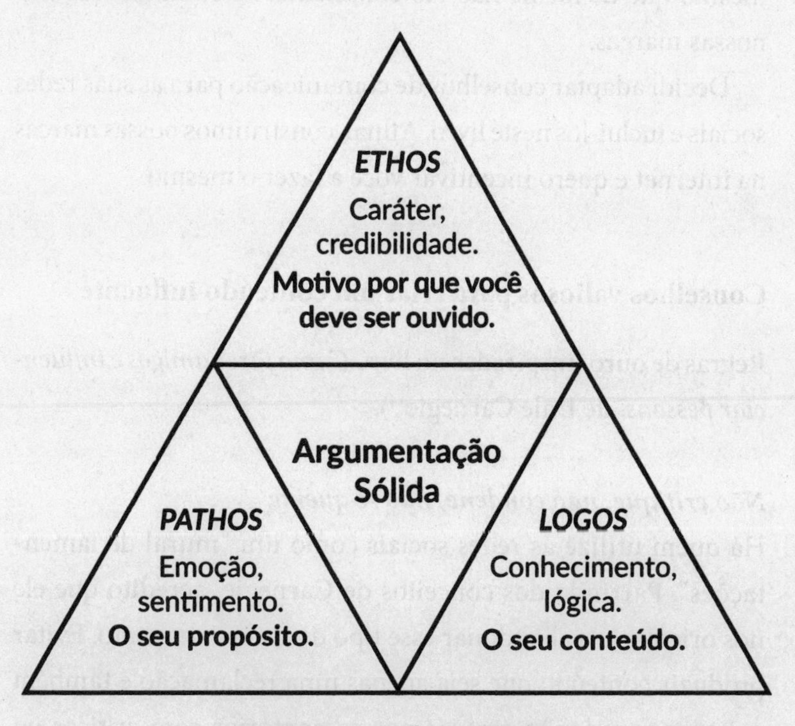

Retórica: segundo Aristóteles

Tony Robbins perguntou a Warren Buffett qual foi seu melhor investimento em toda a vida. Ele respondeu que foi um curso de comunicação de Dale Carnegie. Aos 21 anos, fiz esse mesmo curso.

Eu era a mais jovem da turma; a segunda pessoa mais jovem tinha 42 anos (esse número ficou na minha memória). Com vinte e poucos anos, as pessoas geralmente não pensam em se desenvolver, em melhorar suas relações ou construir sua autoconfiança. Mas eu já pensava nisso. E tudo o que aprendi lá carrego até hoje.

São ensinamentos atemporais que acredito ter utilizado, mesmo que de forma não tão consciente, na comunicação das nossas marcas.

Decidi adaptar conselhos de comunicação para as suas redes sociais e incluí-los neste livro. Afinal, construímos nossas marcas na internet e quero incentivar você a fazer o mesmo.

Conselhos valiosos para criar um conteúdo influente

Regras de ouro (inspiradas no livro *Como fazer amigos e influenciar pessoas*, de Dale Carnegie[14]).

Não critique, não condene, não se queixe

Há quem utilize as redes sociais como um "mural de lamentações". Partindo dos conceitos de Carnegie, acredito que ele nos orientaria a abandonar esse tipo de comportamento. Evitar produzir conteúdo que seja apenas uma reclamação e também evitar responder às pessoas nos comentários com críticas ou lamentações.

Mas atenção: reclamar é diferente de ser honesto. Você não precisa mentir ou fingir que tudo na sua vida é perfeito.

Seja sincero e continue contando sua história de modo autêntico — só não enfatize o lado negativo, principalmente se você não oferecer uma solução depois. Isso também não significa que você deva encaixar num molde no qual todos agem como robôs e pensam igual.

Carnegie estimula, inclusive, o desenvolvimento do pensamento crítico e a diversidade de pensamento.

É preciso apenas entender que a maneira como nos comunicamos pode afastar ou aproximar. Se, durante um debate, você criticar e condenar de cara, jamais conseguirá influenciar uma mudança de visão, por exemplo.

Evite mesquinharias

Como diz o ditado, você não precisa "apagar o brilho" de outra pessoa para brilhar. Carnegie defende que a única maneira de vencer uma discussão é evitando-a. E aqui mais um ponto de atenção: isso não quer dizer que você não deva debater sobre um tema que acredite, mas fique atento à maneira como conduz seu comportamento. Discutir não gera respeito.

Comunique de modo claro e respeitoso, e saiba respeitar o ponto de vista do outro. Você deve se defender sempre que achar necessário, mas não se envolva em brigas nas quais só o seu ego tem a ganhar. Mostre que entende o outro lado e que não vê sua opinião como verdade absoluta.

Crie algo digno de ser compartilhado

O ser humano é movido por estímulos individuais. Portanto, quando um conteúdo incentiva o seguidor a falar de si mesmo, tem muito mais chances de engajar.

Quem influencia está preocupado com o outro, procura soluções que ajudem as pessoas em seu dia a dia ou consegue transformar uma experiência pessoal em um conteúdo que o seu público não conseguiria criar, mas que expressa exatamente seu pensamento, aspiração ou sentimento individual.

Isso incita o compartilhamento desse conteúdo e gera um alcance orgânico nas postagens, um "efeito viral". Frases como "Muito eu", "Me representa", "Tirou as palavras da minha boca", "Faço das suas palavras as minhas" são reflexos desse engajamento.

Mesmo que um conteúdo traga uma experiência pessoal, ou seja, de opinião, a maneira como ele é criado transmite acolhimento, aconselhamento e aumenta a confiança no criador de conteúdo. Sempre que possível, convide o outro a participar da sua conversa.

É preciso se interessar verdadeiramente pelo outro e pela história dele. Derek Thompson, autor de *Hit Makers: Como nascem as tendências*[15], afirma que "O sucesso está na habilidade de criar algo que ressoe com as experiências individuais das pessoas, despertando nelas o desejo de compartilhar e se envolver".

Interessando-nos pelos outros, conseguimos fazer mais amigos em dois meses do que em dois anos tentando que eles se interessem por nós. Adaptando esse pensamento de Dale Carnegie à realidade do Instagram, podemos substituir "amigos" por "seguidores engajados" — eles vão responder ao nosso interesse, debater e fazer parte da conversa, o que agregará valor para ambos os lados.

Sorria

Sorria e mostre que está aberto para que as pessoas se aproximem. É claro que isso não impede que você mostre vulnerabilidade — conte suas histórias, mostre o que aprendeu, admita seus erros e seja sempre honesto.

De um jeito ou de outro, o sorriso (sincero!) é muito poderoso. A linguagem corporal gera respostas muitas vezes subconscientes do nosso cérebro, então o modo como você se porta, sua expressão facial e sua postura influenciarão muito na impressão que você passa para os outros.

Algumas pessoas têm dificuldade de se conectar com outras quando percebem um sorriso ou uma expressão como falsos. Isso impacta em todos os seus relacionamentos, incluindo aqueles com os seus seguidores.

Lance um desafio

Mais uma vez, Carnegie mostrou que estava muito à frente do seu tempo. Hoje em dia é muito mais comum ouvirmos sobre a importância de engajar os seguidores com desafios, gerando ações que os estimulem a sair da zona de conforto e a aprender algo novo junto conosco.

Desafiar seu seguidor é incentivá-lo a se arriscar, a fazer algo novo, a viver uma nova experiência com você. Como marca, você deve sempre estar evoluindo, então não se esqueça de “levar” seus fãs consigo. Se estiver com medo ou incerto sobre o futuro, seja honesto e mostre isso também: pode aguçar a vontade dos seguidores de seguir você nessa nova jornada.

A rede social do momento é mais uma comprovação de como Carnegie sabia do que estava falando.

O TikTok é uma plataforma que permite aos usuários criar, compartilhar e descobrir vídeos curtos, geralmente com música de fundo. Desde seu lançamento, essa plataforma cresceu rapidamente em popularidade, especialmente entre os jovens, e tornou-se uma das redes sociais mais influentes do mundo. Com seu formato de vídeo curto e seu algoritmo de recomendação eficaz, o TikTok oferece uma experiência altamente envolvente para os usuários, promovendo a criação de conteúdo criativo e o surgimento de tendências culturais. Suas características únicas e seu rápido crescimento o tornaram uma plataforma essencial para influenciadores, criadores de conteúdo e marcas que buscam alcançar e engajar um público amplo e diversificado.

Em sua essência, os criadores de conteúdo dessa rede lançam desafios que são replicados por muitos outros — o TikTok na verdade é um grande fomentador dessa prática, possibilitando o uso do áudio de outra pessoa e reunindo numa página todos que fizeram o mesmo.

O som mais doce

Segundo Carnegie, o nome de uma pessoa é o som mais doce que ela pode ouvir. Gera familiaridade, proximidade, conexão. Sempre que possível, converse com seu seguidor usando seu primeiro nome.

Seja em respostas de comentários, em mensagens privadas ou no e-mail marketing: todos nós gostamos de nos sentir especiais, e essa tática ajuda você a mostrar que realmente se importa com os problemas e anseios do seu cliente.

Trate-o de maneira próxima e honesta.

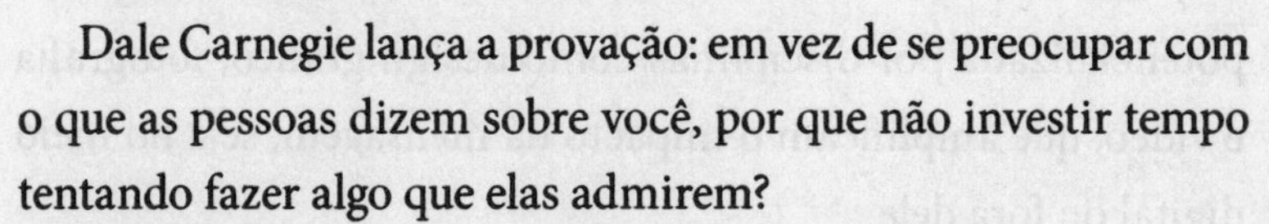

Dale Carnegie lança a provação: em vez de se preocupar com o que as pessoas dizem sobre você, por que não investir tempo tentando fazer algo que elas admirem?

Tipos de Escrita

Saber escrever — e, principalmente, entender o objetivo da mensagem — ajudará você em muitas áreas da vida. Mas, se deseja empreender, construir uma marca ou aprimorar sua comunicação pessoal, esse domínio se torna essencial.

Uma forma eficaz de estruturar os tipos de escrita é baseá-los nos fundamentos do jornalismo, das relações públicas e da publicidade.

- O **jornalismo** busca informar com imparcialidade.
- As **relações públicas** têm como foco o fortalecimento da marca e do posicionamento institucional.
- A **publicidade** recorre à persuasão emocional para gerar conversões e impulsionar vendas.

Quando integradas, essas abordagens constroem uma estratégia de comunicação coesa e poderosa. O equilíbrio entre os três pilares permite atrair, engajar e converter, promovendo conexões profundas e duradouras com o público. Cada forma de escrita ativa diferentes atalhos mentais, utilizando ferramentas e técnicas específicas. Nenhuma delas é mais importante que a outra — todas se complementam.

Juntas, elas dão vida ao conceito de comunicação integrada, potencializada por disciplinas como design gráfico, fotografia e vídeo, que amplificam o impacto da mensagem, seja no meio digital ou fora dele.

Estrutura dos Tipos de Escrita

A tabela a seguir detalha as características de cada área, exemplificando suas formas de escrita e os objetivos por trás de cada mensagem:

Pilar da Comunicação	Tipo de Escrita	Exemplo	Objetivo da Mensagem
Relações Públicas	Redação institucional	"Quem somos e por que fazemos o que fazemos"	Posicionamento e fortalecimento da marca
Jornalismo	Redação jornalística	"O que estamos fazendo, fizemos ou faremos"	Informar, gerar mídia
Publicidade	Redação publicitária	"Como você fará o que queremos que faça"	Venda, conversão, chamada para ação (CTA)

- **Se você foca apenas redação publicitária**: direciona-se exclusivamente à atração, marketing ou venda, mas compromete a conexão.

- **Falar apenas sobre propósito**: inspira, mas não converte.
- **Falta de notícias além do produto/serviço**: sem histórias adicionais, o produto se torna irrelevante e ninguém falará espontaneamente sobre ele.

Busco sempre equilibrar esses três pilares, e essa classificação me ajuda a entender como criar textos distintos para os diferentes estágios do relacionamento com o público.

10. Comunidade

O físico Zhiming Yuan estava no parque com sua filha quando ela lhe perguntou por que os patinhos tendem a nadar em fila atrás da mãe.

Essa simples pergunta levou Yuan, pesquisador da Universidade de Strathclyde, na Escócia, a desenvolver um modelo computacional simulando diferentes formações de patos nadando[16]. Sua descoberta foi surpreendente: os patinhos que seguem a mãe **surfam nas ondas criadas por ela, reduzindo o arrasto e facilitando o nado**. Além disso, a energia das ondas se transfere de patinho para patinho, criando um movimento que os impulsiona para a frente.

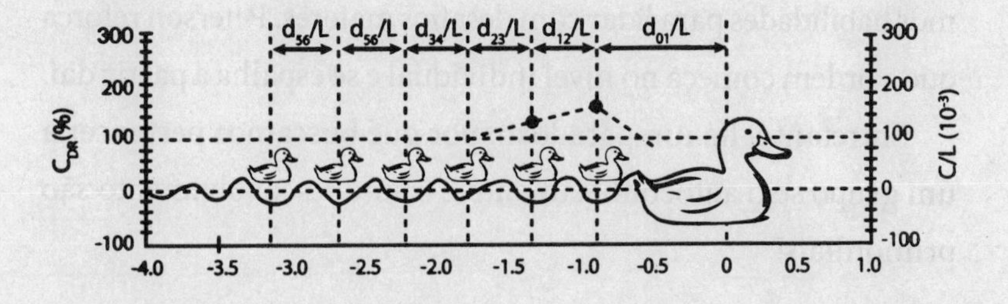

Essa cena icônica — uma mãe guiando seus filhotes em fila única sobre a água — ilustra o instinto protetor e simboliza o valor da comunidade. Os patinhos não seguem a mãe apenas por segurança, mas também aprendem que trabalhar juntos torna o caminho mais fácil e eficiente.

Isso reflete uma verdade universal: a força de um grupo não está apenas na sua coesão, mas também na capacidade de facilitar o crescimento de cada indivíduo. A ideia de comunidade se constrói na prática, seja entre patos, seja entre seres humanos.

O impacto da responsabilidade individual na construção do coletivo

No livro *12 regras para a vida*, Jordan Peterson[17] discute como a responsabilidade individual influencia a coletividade. Ele argumenta que, embora seja tentador querer "salvar o mundo", muitas vezes isso funciona como um desvio das nossas responsabilidades imediatas. Uma de suas regras, "*Arrume sua casa antes de criticar o mundo*", enfatiza que devemos começar pela nossa própria vida, relações e circunstâncias, antes de tentar transformar o coletivo.

Assim como os patinhos se concentram no próprio bando, quando **cuidamos da nossa casa e dos nossos familiares próximos**, impactamos diretamente quem nos cerca e desenvolvemos habilidades para lidar com desafios maiores. Peterson reforça que a ordem começa no nível individual e se espalha a partir daí.

Entretanto, há um paradoxo: por que buscamos pertencer a um grupo se o autoconhecimento e o autodesenvolvimento são primordiais?

O psicanalista Heinz Kohut, na década de 1970, desenvolveu a teoria da psicologia do Self, propondo que o sentimento de pertencimento é uma necessidade humana fundamental. A conexão com os outros reduz a sensação de isolamento e melhora a saúde mental. Afinal, todos já experimentamos aquele momento em que encontramos um grupo e pensamos: *"Esse é o meu lugar."*

Comunidade: definição ou limitação?

O futurista Bob Johansen defende que o conceito de comunidade nos prende ao passado, categorizando tudo o que já foi julgado e definido. Ele propõe a "pós-categorização" — um modelo mais fluido e sem rótulos.

Mas aqui surge um dilema: mesmo o conceito de "pós-categorização" é, por si só, uma categoria. O problema, então, não é a categorização em si, mas sim a pergunta:

- Essa comunidade te define ou te limita?
- Te aprisiona ou te liberta?
- Representa quem você realmente é ou distorce sua essência?

Em vez de buscar se encaixar, pergunte-se: quais valores verdadeiramente guiam minha vida?

Comunidade não é quantidade, é profundidade.

A trajetória da ORNA sempre gerou curiosidade: como três irmãs, com recursos limitados, conseguiram construir um posicionamento tão forte mesmo sem milhões de seguidores?

A resposta está na construção de conexões autênticas. Desde o início, nosso foco foi cultivar relacionamentos reais, criar produtos com propósito e fomentar espaços de troca e identificação.

Empresas como Harley-Davidson, Nike e Lego compreenderam esse conceito e estruturaram seu posicionamento em torno da comunidade:

- **Harley-Davidson** promove eventos e encontros, unindo motociclistas apaixonados por um estilo de vida.
- **Nike** conecta atletas e entusiastas do esporte por meio de desafios e campanhas inspiradoras.
- **Lego** cultiva um ecossistema onde seus fãs compartilham criações, trocam ideias e participam de desafios globais.
- **PlayStation** construiu uma cultura gamer interativa, unindo jogadores por meio de plataformas on-line.

Essas marcas não apenas vendem produtos, **elas criam o sentimento de pertencimento.**

Comunidades digitais: do conteúdo à conexão real

Malcolm Gladwell, em *O ponto da virada*[18], afirma que, à medida que o volume de informações cresce, as pessoas buscarão cada vez mais comunidades para encontrar sentido.

A internet possibilitou a criação de comunidades digitais, e hoje podemos classificá-las em quatro tipos principais:

- Comunidades orgânicas ou **espontâneas**: formam-se naturalmente ao redor de um conteúdo ou de um especialista. O criador de conteúdo não necessariamente lidera a comunidade, mas sua audiência se conecta por valores, interesses e experiências compartilhadas. Exemplos incluem podcasts, blogs, YouTube e Instagram.

- Comunidades abertas e **gratuitas**: nascem com a intenção de reunir pessoas com interesses comuns em um espaço fechado, porém acessível a qualquer um. São mais segmentadas, com regras e gestão mínima. Exemplos: grupos no Facebook, Telegram e LinkedIn.

- Comunidades fechadas e pagas: oferecem conteúdo exclusivo, benefícios e um espaço mais estruturado para os membros. Aqui, o relacionamento é mais próximo e o nível de engajamento mais alto. Exemplos: melhores amigos do Instagram, comunidade do YouTube, plataformas de assinatura.

- Comunidades **internas**: voltadas para membros de um time ou organização, fortalecendo a cultura e o employer branding. Exemplos: Slack, Notion e fóruns internos.

Liderança e gestão de comunidades

A base de uma comunidade são os membros. E, dentro dela, existem diferentes perfis de engajamento:

- **Novos**: estão conhecendo o grupo e precisam de incentivo para engajar.

- **Passivos**: consomem o conteúdo, mas não interagem.
- **Ativos**: participam ativamente das discussões e contribuem para o grupo.
- **Fãs**: defendem a comunidade e promovem sua mensagem.
- **Influenciadores/líderes**: geram conteúdo e auxiliam outros membros.
- **Gestores/mediadores**: organizam e facilitam a experiência da comunidade.

A chave para uma comunidade forte é **identificar, valorizar e potencializar os fãs e membros mais engajados**, criando rituais e recompensas para reforçar a conexão.

Checklist para a construção de uma comunidade

Se você deseja construir uma comunidade forte, siga estas etapas:

✓ Defina o nome: algo memorável e representativo.

✓ Estabeleça o propósito e os valores.

✓ Crie uma identidade visual e verbal (símbolos, hashtags, tom de voz).

✓ Identifique os desejos do público e seus desafios.

✓ Escolha o tipo de comunidade e sua plataforma.

✓ Estabeleça regras e rituais para manter o engajamento.

✓ Gere conteúdo de valor e conversas autênticas.

✓ Incentive a conversa e a participação ativa dos membros.

✓ Avalie o engajamento e os indicadores de sucesso.

O futuro das comunidades

Robin Dunbar é um antropólogo e psicólogo evolucionista britânico, conhecido por seu conceito do "Número de Dunbar". Sua teoria sugere que o cérebro humano consegue manter cerca de 150 relações sociais significativas — ou seja, laços nos quais há confiança e reciprocidade emocional[19].

Dunbar também identificou que nossas relações seguem uma estrutura em camadas, com diferentes níveis de proximidade:

- 5 pessoas: círculo mais íntimo (família e amigos muito próximos).
- 15 pessoas: relações de apoio emocional.
- 50 pessoas: amizades regulares e confiáveis.
- 150 pessoas: rede social estável de conhecidos próximos.
- 500 a 1.500 pessoas: contatos mais distantes, como conhecidos eventuais.

Esse conceito é essencial para entender como as comunidades funcionam e se mantêm relevantes. À medida que crescem, precisam se adaptar para preservar conexões autênticas e evitar dispersão ou superficialidade nas interações.

Comunidade não é apenas estratégia, é responsabilidade social. Criar uma comunidade não é só reunir pessoas; é oferecer um propósito real, um espaço de troca e crescimento mútuo.

No fim, não basta pertencer a um grupo. O que realmente importa é o impacto que essa comunidade tem na sua vida e na vida das pessoas ao seu redor.

O poder da comunidade on-line versus off-line: ORNA CAFÉ

Em 2016, meu cunhado Ricardo (que foi nosso sócio no início da produtora) tinha planos em mente. Ele e seu melhor amigo sempre foram grandes apreciadores de café e conversavam sobre abrir um café que tivesse todos os atributos que nunca encontravam em um só lugar. Fascinados e curiosos por esse mundo, os dois começaram a se encontrar com frequência e, em um desses encontros, começaram a levar a sério a ideia de começar um negócio juntos. Eles não queriam nada grande, apenas uma portinha onde coubesse uma máquina de expresso e algumas pessoas. Um lugar gostoso, aconchegante e que oferecesse, logicamente, um bom café.

Sabendo disso, a Bárbara (minha irmã e esposa do Ricardo) sugeriu que talvez fosse interessante juntar a ideia de um café com o propósito da ORNA.

E se realmente conseguíssemos somar talentos? Nós, as três irmãs, poderíamos entrar com todo o processo de gestão da marca, e os outros sócios com a experiência na operação do café. Era a oportunidade perfeita para unirmos forças, competências e a vontade de fazer as coisas acontecerem.

O *timing* para esse projeto não poderia ser melhor. Foi uma decisão que fez muito sentido para o momento que estávamos vivendo. E assim nasceu o ORNA CAFÉ.

Antes mesmo de inaugurar, ele já reunia mais de 40 mil seguidores no Instagram. Era o café mais seguido da cidade, mesmo sem estar em funcionamento. Ele foi construído junto com seus clientes, primeiramente no digital. Mas como isso foi possível?

Criamos o perfil no Instagram com a proposta de mostrar as etapas do negócio sendo aberto do zero. Assim, o público pôde opinar e acompanhar detalhes desde a criação do logo, aplicações do design gráfico e entrevistas com candidatos até a reforma do espaço.

O Instagram é uma poderosa ferramenta de pesquisa de mercado, e toda a identidade da marca foi construída com base nos dados extraídos do público.

A maioria dos estabelecimentos gastronômicos prioriza o cardápio, mas as nossas pesquisas nos indicavam que oferecer qualidade gastronômica era o mínimo esperado, e não o "mais" esperado. Então, o que os clientes esperam? Esperam pertencer.

Cada uma das pessoas que acompanhou o nascimento do café nas redes sociais faz parte dessa comunidade; temos afinidades e valores em comum. Não criamos algo para nós ou para a nossa realização pessoal; abrimos o ORNA CAFÉ com todos e para todos.

Cada detalhe foi compartilhado em tempo real, o que gerou, organicamente, uma expectativa em cada seguidor para a grande abertura.

O dia 27 de janeiro de 2018 foi mais uma entre algumas datas de nossa jornada que ficarão para sempre em nossa memória. Não foi só mais uma data, mais um lançamento: foi o dia da realização de um sonho.

Os sócios haviam passado noites sem dormir. Nossos últimos dias pré-lançamento começavam de madrugada e acabavam só quando conseguíamos descansar os pés, que sustentavam nossos corpos durante longas horas ajustando os últimos detalhes.

Quando encontramos a #ornagang — apelido que, carinhosamente, demos a cada seguidor do café —, toda preocupação foi substituída por um sentimento de realização que transbordava em nós. O dia estava muito quente e, mesmo paradas ali na fila, as pessoas sorriam; a alegria em seus olhares era evidente. Cada um finalmente poderia conhecer o lugar que tinha ajudado a construir.

Semanas antes da abertura, lançamos um concurso que premiaria a melhor foto tirada no café com algum produto nosso (disponibilizamos camisetas e copos para venda). O concurso deixou as pessoas ainda mais ansiosas, e o engajamento gerou mídia espontânea para nós.

Todo mundo já entrava no café com o celular na mão, pronto para fotografar cada detalhe do espaço e postar em suas redes. Isso nos deu um retorno muito positivo, pois essas fotos eram formas de propagar nossa existência e dizer "Ei! Olha os detalhes desse café incrível que acabou de abrir!"

A divulgação boca a boca (ou celular a celular) é muito mais eficiente que qualquer publicidade paga, pois valida nosso trabalho com base em experiências e validações orgânicas e reais.

No fim do concurso, contávamos com mais de 830 publicações utilizando a hashtag #ornacafeabriu, o que causou uma grande movimentação na internet. O trabalho estava feito, mas não parava por ali.

Os anos seguintes foram de muita dedicação: criação de processos internos, estoque, treinamento, gestão de pessoas, planos de expansão e modelo de franquia. Foi uma grande escola, uma

experiência que só quem vive consegue entender. E, claro, tivemos momentos inesquecíveis, com os pedidos de casamento que aconteceram lá. Quantas histórias e conexões surgiam naquele espaço.

A casa estava sempre cheia, mas isso não é suficiente para os inúmeros desafios (de bastidores) que uma empresa enfrenta para se manter sustentável. Afinal, empresas são feitas por pessoas.

Em 2020, vivemos tempos difíceis durante a pandemia da covid-19. Enfrentamos as adversidades com coragem e mantivemos a operação viva com esperança de retomada após o período de isolamento. No entanto, nossos sócios, que iniciaram o projeto conosco e eram os responsáveis pela operação, decidiram trilhar outros caminhos.

Somado a esses fatores, eu e a Bárbara engravidamos no mesmo período (nossos primogênitos têm apenas cinco dias de diferença). Para conseguirmos assumir nosso papel como mães e viver uma nova fase — e a mais importante de todas —, foi preciso tomar uma decisão difícil.

Insistimos muito mais do que deveríamos. Foram muitas tentativas de encontrar soluções e meios de continuar, mas, quando finalmente entendemos que, para conquistar alguma coisa, é preciso renunciar a outra, encerramos a operação física do ORNA CAFÉ em 2021.

Meu conselho para enfrentar uma fase como essa é: olhe para o motivo, a razão, o porquê de você ter tomado a decisão que tomou. Precisamos de discernimento para entender quais são os melhores caminhos que vão nos levar ao destino que mais importa. Seja estratégico e flexível.

Mudar de rota não significa abrir mão do seu sonho, e sim fazer mais para não desistir dele. Precisamos ser flexíveis para perceber que talvez a melhor opção seja encerrar um ciclo agora, deixar de fazer as coisas como vínhamos fazendo e mudar. Às vezes temos que desistir para poder persistir.

O caminho de desvio pode ser determinante, aquele que vai mostrar a você algo que não conseguiria ver se não tivesse que mudar, se não fosse obrigado a repensar seu modo de transformar seu sonho em realidade.

Permita-se sentir frustrado quando perceber que seus planos não estão caminhando conforme o planejado. Dê esse tempo a si mesmo, para que seu corpo absorva a realidade. E depois continue. Desistir (com consciência) não é o fim de um sonho, é o início de novos sonhos.

Lembra como os patos pensam? "Tentamos. Testamos. Não deu certo aqui. Vamos migrar!"

O **ORNA CAFÉ** é um exemplo prático de como construir uma comunidade forte, combinando **conteúdo e relacionamento digital com experiência presencial**. Cada etapa do **checklist para construção de uma comunidade** foi aplicada de forma natural e alinhada à essência da marca.

Defina o nome: algo memorável e representativo	O nome **ORNA CAFÉ** foi escolhido para conectar-se à marca ORNA. Ele é curto, fácil de lembrar e representa a fusão da identidade do grupo com a experiência do café.
Estabeleça o propósito e os valores	Criamos um espaço que fosse além de um café comum, priorizando **experiência, pertencimento e comunidade**. Os valores incluem **colaboração, conexão e autenticidade**.
Crie uma identidade visual e verbal (símbolos, hashtags, tom de voz)	Identidade visual e verbal foi criada com a participação do público. **Hashtags como #ornagang** foram usadas, dando um nome também para os membros da comunidade.
Identifique os desejos do público e seus desafios	**Usamos o Instagram como pesquisa de mercado** e identificamos que os clientes buscavam **pertencimento** e **experiências memoráveis**, além de um bom café.
Escolha o tipo de comunidade e sua plataforma	**Comunidade digital orgânica**, criando engajamento antes da inauguração pelo **Instagram**. A comunidade se fortaleceu tanto **online quanto presencialmente**.
Estabeleça regras e rituais para manter o engajamento	**Fizemos concursos de fotos** e incentivamos o compartilhamento da experiência no café. **A interação constante** manteve a comunidade ativa.
Gere conteúdo de valor e conversas autênticas	Compartilhamos **os bastidores da criação do café**, permitindo que o público se envolvesse **emocionalmente e se sentisse parte do projeto.**
Incentive a conversa e a participação ativa dos membros	Os seguidores **participaram ativamente**, comentando e ajudando na construção do ORNA CAFÉ, desde a escolha da identidade visual até a equipe.
Avalie o engajamento e os indicadores de sucesso	O alto engajamento no Instagram antes da inauguração indicava sucesso. **O concurso de fotos teve mais de 830 publicações** com a hashtag **#ornacafeabriu.**

Defina o nome algo memorável e representativo	O nome ORNA CAFÉ foi escolhido para conectar-se à marca ORNA. Ele é curto, fácil de lembrar e representa a visão da identidade do grupo e a experiência do café.
Estabeleça o propósito e os valores	Criamos um espaço que fosse além de um café comum, proporcionando experiência, pertencimento e comunidade. Os valores incluem colaboração, conexão e autenticidade.
Crie uma identidade visual e verbal (símbolos, hashtags, tom de voz)	A identidade visual e verbal foi criada com a participação do público. Hashtags como #ornagang foram usadas, criando um nome também para os membros da comunidade.
Identifique os desejos do público e seus desafios	Usamos o Instagram como pesquisa de mercado e identificamos que os clientes buscavam pertencimento e experiências memoráveis além de um bom café.
Escolha o tipo de comunidade e sua plataforma	Comunidade digital orgânica, criando engajamento antes da inauguração pelo Instagram. A comunidade se fortaleceu tanto online quanto presencialmente.
Estabeleça regras e rituais para manter o engajamento	Fizemos concursos de fotos e incentivamos o compartilhamento da experiência no café. A interação constante manteve a comunidade ativa.
Gere conteúdo de valor e conversas autênticas	Compartilhamos os bastidores da criação do café, permitindo que o público se envolvesse emocionalmente e se sentisse parte do projeto.
Incentive a conversa e a participação ativa dos membros	Os seguidores participaram ativamente, comentando e opinando na construção do ORNA CAFÉ, desde a escolha da identidade visual até a equipe.
Avalie o engajamento e os indicadores de sucesso	O alto engajamento no Instagram antes da inauguração indicava sucesso. O concurso de fotos teve mais de 830 publicações com a hashtag #ornacafeabriu.

8. Ideias que merecem ser disseminadas

Ser uma palestrante no TEDx era um sonho. Um daqueles sonhos que a gente alimenta constantemente. E, quando conquistei essa oportunidade, depois de mais de dez anos trabalhando com comunicação, a felicidade veio em primeiro lugar. Mas todo grande sonho traz também o peso de uma grande responsabilidade. Será que minhas ideias merecem ser compartilhadas?

Na palestra, decidi falar sobre a mesma teoria do pato que apresentei aqui. Contei como foi quebrar o estereótipo do pato e ressignificar um conceito amplamente difundido e que carrega um sentido pejorativo em seu arquétipo.

Arquétipos são figuras, imagens e símbolos que carregam significados profundos e despertam emoções no imaginário coletivo. São representações universais que transcendem culturas e épocas, formando a base de nossa compreensão do mundo.

Por exemplo, os animais são, com frequência, utilizados como arquétipos, personificando características específicas, como coragem, astúcia ou lealdade. Esse conceito é amplamente explorado em campos como a filosofia, a psicologia e a antropologia. A ideia dos arquétipos começou com Platão, que introduziu a noção de formas ideais, e foi aprofundada por Carl Jung, que identificou os arquétipos como elementos fundamentais do inconsciente coletivo.

Nomes da mitologia, grandes celebridades, ou até mesmo símbolos da natureza (além da figura humana) são arquétipos que influenciam o modo como atribuímos significado à nossa vida e às nossas experiências.

Muitas marcas utilizam arquétipos de animais para se comunicar. Esses arquétipos podem estar presentes no próprio logo ou aparecer como elementos secundários na comunicação, por exemplo, em mascotes. Embora as imagens arquetípicas façam parte de um imaginário coletivo, elas não são definitivas quando se trata de comunicação de marca.

Um exemplo é a Disney, criada em 1923, uma das marcas mais valiosas do planeta, que escolheu um arquétipo improvável para representar sua magia: o rato. Frequentemente associado à sujeira, a doenças e a outras características indesejáveis, o rato não parece ser a escolha óbvia. Mas por que funcionou tão bem?

Quando analisamos a história, a cultura, os valores e o universo da Disney, percebemos que ela está associada à ousadia, ao improvável, à curiosidade e, naturalmente, à simplicidade infantil. Os ratos, por sua vez, são criaturas pequenas, criativas e capazes de encontrar soluções engenhosas em situações desafiadoras. Em outras palavras, o rato se alinha perfeitamente com a essência da marca Disney, que sempre se propôs a fugir do óbvio.

O rato não é, à primeira vista, uma figura "mágica" ou "ingênua". Entretanto, Mickey Mouse prova que um símbolo pode ganhar um novo significado.

Antes de Mickey, Walt Disney criou Oswaldo, o Coelho Sortudo em 1927. Após perder os direitos sobre esse coelho devido a uma disputa contratual, Disney precisou de um novo personagem. A criação de Mickey Mouse foi uma resposta natural e intuitiva a essa perda.

Durante os anos 1920, as condições de higiene eram diferentes das de hoje, e os ratos eram mais comuns e visíveis no cotidiano das pessoas. Isso pode ter facilitado a aceitação do rato como personagem principal, tornando-o uma figura familiar, reconhecível e memorável.

Assim como o rato, provavelmente o pato não seria a primeira escolha se você precisasse escolher um animal para te representar. O conceito de arquétipo ajuda a explicar essa escolha, mas a construção semiótica vai muito além disso. A semiótica, que estuda os signos e os significados atribuídos a eles, nos mostra que símbolos aparentemente negativos podem ser ressignificados no contexto certo. No caso da Disney, o rato não é apenas um rato, é também um veículo para transmitir mensagens de engenhosidade, resiliência e encanto. A semiótica, portanto, revela que os elementos visuais e culturais, quando bem utilizados, podem transformar percepções e criar uma conexão emocional profunda com o público.

9. Lá vem o pato, pata aqui, pata acolá

Os patos aparecem com frequência no mundo da ficção. Quem não se lembra da canção de Toquinho e Vinicius de Moraes, "O pato": "Lá vem o pato / Pata aqui, pata acolá"? Minha filha, de apenas 2 anos, sabe a música de cor.

E quem não conhece o Patolino, personagem dos Looney Tunes, que nasceu em 1937 com a sua "personalidade detestável", ou o Pato Donald, da Disney, que nasceu em 1934 e é conhecido por ser "azarado e atrapalhado"? Crescemos com essas imagens dos patos em nosso subconsciente.

Expressões como "cair como um pato" ou "pagar o pato" também são comuns na nossa cultura, associando a figura dessa ave a traços negativos em diversos contextos.

No meio empresarial, por muito tempo o pato foi uma referência de como não ser. E, por muito tempo, era assim que eu me sentia: inadequada e fora do padrão. Tendo minhas capacidades questionadas dia após dia.

Na infância eu era a "criança inquieta", que queria fazer mil coisas ao mesmo tempo e tinha interesse por basicamente tudo ao meu redor. E, da mesma forma que eu rapidamente tinha minha atenção despertada por algum assunto, em pouco tempo perdia o interesse.

Foi assim que, a cada dia, eu ia na contramão da minha própria natureza generalista.

10. Atitudes empreendedoras nascem na infância?

Walt Disney uma vez disse que andava pelo seu parque de joelhos, porque queria sentir como era estar na mesma altura das crianças. Meu avô Domingos fazia muito disso, se ajoelhava para brincar na mesma altura que eu e minhas irmãs, para entender qual era a visão dos seus netinhos neste mundo.

As lembranças que tenho da minha infância são muito boas e se devem, em parte, ao convívio com meus avós maternos. Eles viviam em uma casa de madeira muito simples com um quintal enorme. E o vovô sempre gostou de dar liberdade para a gente: ele passava o dia nos incentivando a escrever pequenas peças de teatro, a pintar quadros, a fazer fantoches e a preparar apresentações.

Parece muito antigo o que vou contar agora, mas é verdade: escutávamos clássicos infantis como Chapeuzinho Vermelho no toca-discos. No topo da minha lista de brincadeiras favoritas estavam: brincar de professora e fingir ter uma lojinha imaginária. O vovô pegava as tortinhas que a gente fazia de areia com plantas, dentro de uns copinhos, e arrumava uma bancada para vendermos. Depois ele ia lá e fazia cara de quem estava degustando as comidinhas.

A escola não era meu lugar preferido, mas eu gostava de ciências biológicas por causa da feira de ciências. Era quando eu verdadeiramente me interessava e aprendia. Cada um tem seu tempo, seus métodos. O meu método, em particular, tinha muito a ver com aprender na prática, vendo, documentando e ensinando. Nessas feiras eu também tinha a oportunidade de fazer apresentações em público e comecei a demonstrar gosto por falar e expor minhas ideias para os outros.

Durante a pré-adolescência, meus pais passaram por muitas dificuldades financeiras e precisaram tomar algumas decisões. Uma delas foi nos transferir para uma escola pública. As mudanças trazem consigo inseguranças, incertezas, frustrações, mas podem, de alguma forma, desenvolver habilidades sociais e empreendedoras, como enfrentar o medo de fazer novos amigos e de começar do zero.

No primeiro ano após essa mudança de escola, procurei a coordenação pedagógica e me ofereci para criar atividades no contraturno para alunos mais novos. Me deu na cabeça criar um grupo de teatro e apresentar um espetáculo para o Dia das Mães.

Lembro que tinha 10 ou 11 anos quando montei um roteiro detalhado com as falas que sabia de cor e salteado e com todas as ideias de cenários, quem participaria, quando seria a apresentação final e tudo mais.

Escolhi, claro, o conto que eu sabia contar de trás para a frente: a história da Chapeuzinho Vermelho. A Julia — minha irmã mais nova e que também sabia as falas de cor — topou ser a protagonista, e ainda conseguiu convencer vários amigos dela a participar também.

Ensaiamos, montamos toda a cenografia e a iluminação e finalmente fizemos a apresentação. As mães amaram, lembro que tudo correu bem. Não só tive a ideia de criar algo totalmente novo na escola como executei do começo ao fim — e com sucesso.

Muito mais do que a teoria, a parte artística e criativa era o que realmente me movia. Quando estava em sala de aula, minha cabeça viajava para outros lugares que iam muito além daquilo que o professor propunha.

Minha mente criativa ansiava por desenvolver outras habilidades, não somente estudar as matérias obrigatórias. Era como se eu não estivesse em meu habitat natural.

Eu era um pato, mas queriam me transformar em águia.

11. Como você pode se tornar um pato

No livro *Por que os generalistas vencem em um mundo de especialistas*[20], David Epstein defende, assim como eu, a ideia de que explorar diferentes áreas do conhecimento e desenvolver habilidades diversas não só enriquece a vida de uma pessoa como também a torna mais adaptável a diferentes desafios e oportunidades.

"VOCÊ SE TORNA UM PATO QUANDO ABRAÇA SUAS COMPETÊNCIAS PLURAIS E DESENVOLVE HÁBITOS QUE LHE PERMITEM EXPLORAR O INEXPLORADO."

Epstein argumenta que, em um mundo cada vez mais complexo e interconectado, os generalistas têm uma vantagem competitiva sobre os especialistas, pois sua ampla base de conhecimento lhes permite abordar problemas de maneira inovadora e encontrar soluções criativas.

Com base em evidências científicas e nas trajetórias de grandes nomes ao redor do mundo, esse autor demonstra como profissionais se destacaram ao desenvolver um conjunto diversificado de habilidades e competências. Segundo Epstein, "Em um mundo perverso, confiar na experiência em apenas um domínio não é apenas limitador. Pode ser desastroso".

Ele ainda acrescenta que os generalistas podem usar sua adaptabilidade e imaginação para lidar com qualquer "perversidade" que a inteligência artificial não consiga resolver por conta própria.

Já o escritor estadunidense Richard Weaver, autor de *As ideias têm consequências*[21], é ainda mais radical: para ele, a especialização leva à fragmentação do conhecimento e da sociedade, resultando na perda do sentido de unidade, de comunidade e de propósito compartilhado.

Weaver acredita que a especialização extrema pode levar a uma visão de mundo estreita e superficial, na qual as pessoas perdem a capacidade de compreender o todo em favor do foco excessivo nos detalhes específicos de suas próprias áreas de especialização.

Podemos comparar a especialização extrema com uma "bolha" dentro do intelecto. Assim como uma bolha limita a visão e a compreensão do mundo exterior a quem está dentro dela, a especialização extrema pode restringir a perspectiva de uma pessoa apenas aos detalhes específicos de sua área de especialização, fazendo-a ignorar ou subestimar outras áreas de conhecimento.

Dentro dessa "bolha intelectual", uma pessoa pode perder a capacidade de ver as conexões entre diferentes áreas de conhecimento e de entender o contexto mais amplo no qual sua especialização se insere. Isso pode ocasionar uma visão de mundo estreita e limitada, na qual outras perspectivas e ideias são desconsideradas ou subestimadas.

Assim como uma bolha pode ser frágil e facilmente rompida quando confrontada com a realidade exterior, a mentalidade especializada pode se mostrar inadequada para lidar com os problemas complexos e interconectados do mundo real, que exigem uma abordagem mais holística e integrada.

Será que especialistas não veem que estão dentro de uma "bolha intelectual" devido à profunda imersão em sua área de especialização?

Essa confiança excessiva pode criar uma barreira para reconhecer as limitações de sua especialização e para apreciar a importância de outras áreas de conhecimento. Essa pessoa pode, assim, subestimar a complexidade e a interconexão dos problemas, presumindo que sua especialização seja suficiente para compreendê-los e resolvê-los.

Muitas pessoas ainda têm resistência à ideia de que "ser um pato" pode, de fato, ser um caminho mais coerente com as atuais demandas da sociedade. Reconhecer os atributos dos generalistas requer uma dose de humildade intelectual. Significa reconhecer que há muito a aprender com outras áreas do conhecimento.

Para se tornar um pato, é preciso mais do que aceitar que uma abordagem generalista pode ser vantajosa. É necessário abandonar a autoimagem que você construiu e reconstruir um "novo eu".

Durante esse processo de reconstrução, você vai adotar atitudes empreendedoras e de liderança, conforme apresentado no item em que vimos "Os 10 valores comportamentais dos patos".

P.S.: essas atitudes não devem ser apenas palavras bonitas; elas devem moldar sua mentalidade e seu comportamento.

12. Descubra-se pato

Uma vez perguntaram à minha irmã Bárbara se ela se considerava uma pessoa procrastinadora ou realizadora. Sua resposta foi direta: "Se tem que fazer, tem que fazer."

Essa é a mentalidade de um pato. Ele não permite que outros pensamentos o impeçam de agir; simplesmente age. Podemos interpretar essa atitude como o valor do "comprometimento". Na prática, ser comprometido significa botar a mão na massa, apresentar resultados e assumir responsabilidade por suas ações.

> "SE TEM QUE FAZER, TEM QUE FAZER."

Quando estiver à beira de desistir de uma tarefa chata ou difícil, mas que você sabe ser essencial para alcançar algo maior, lembre-se desta frase: "Se tem que fazer, tem que fazer." Essa é uma maneira de transmitir a ideia de que as delongas ou hesitações só atrapalham quando algo precisa ser feito. É um raciocínio simples que ajuda na hora de cumprir uma tarefa ou realizar uma ação considerada necessária ou inevitável. Em essência, sugere que não devemos procrastinar ou evitar, mas sim encarar o compromisso e lidar com ele prontamente.

13. Será que você é um pato?

Agora é hora de agir. Esta etapa do livro é dedicada a contribuir com o processo de autodescoberta.

Será que você gerou uma "desconexão com a autenticidade" por querer pertencer? Você está onde gostaria de estar? Qual é a sua marca pessoal? Que marca você deixa nas pessoas e no mundo? Onde está o seu valor único? Qual é a sua força? Quais talentos você ainda não explorou ou expressou?

Nem sempre temos uma visão clara de nós mesmos.

Quero desafiar você a encarar esta seção como um plano prático para trilhar um caminho de autodescoberta, de possibilidades e, se fizer sentido para você, para desenvolver e acompanhar a evolução da sua mentalidade a partir do dia de hoje, seis meses depois e um ano depois da leitura deste livro.

Onde está a sua força?

Convido você a fazer um exercício que pode facilitar a identificação dos seus interesses, habilidades e até mesmo ajudá-lo a visualizar possíveis oportunidades de carreira e — quem sabe — se tornar um pato.

O exercício é dividido em duas partes.

Parte 1

Primeiro, você vai mapear todas as suas áreas de interesse, que vão além daquilo que exerce em suas atividades diárias. Inclua seus hobbies, suas habilidades artísticas ou campos completamente diferentes. Em seguida, na coluna da direita, você vai listar experiências profissionais, competências técnicas, habilidades e — principalmente — seus pontos fortes, ou seja, coisas que você faz bem. Vejamos um exemplo no quadro abaixo:

Liste suas paixões e interesses	Liste suas habilidades técnicas, profissionais e seus pontos fortes
Fotografia Culinária Tecnologia Viagens Escrita	Design gráfico Gestão de projetos Programação

Após ter preenchido esses campos, cruze — literalmente — as informações. Você pode fazer ligações com uma caneta, um lápis ou até um marca-texto.

Na sequência, se questione: qual paixão listada na primeira coluna combina, de alguma forma, com uma formação ou experiência profissional? Em outras palavras: de que maneira minhas aptidões ornam com meus pontos fortes já desenvolvidos?

Exemplos:

- Fotografia + Design gráfico = Criação de portfólios visuais e conteúdos para redes sociais
- Culinária + Gestão de projetos = Desenvolvimento de workshops culinários e cursos on-line
- Tecnologia + Programação = Desenvolvimento de aplicativos móveis ou websites voltados para viajantes

Agora, vamos falar de oportunidades. Identifique situações externas favoráveis (como nichos ou áreas emergentes que poderiam se beneficiar de uma combinação única das suas habilidades e interesses).

Oportunidades:
Crescimento do mercado de cursos on-line
Aumento da demanda por conteúdos de viagem pós-pandemia
Nichos emergentes em aplicativos de bem-estar e saúde

Por fim, o último campo para descrever pelo menos duas carreiras ou atividades profissionais que poderiam se beneficiar dessas habilidades.

Em seguida, descreva possibilidades de monetizar ou desenvolver profissionalmente essas atividades.

Exemplos:

- Fotógrafo de viagens e escritor de blogs: posso vender fotos on-line, criar parcerias com agências de turismo e desenvolver workshops de fotografia.
- Instrutor de culinária on-line: posso criar cursos na internet, oferecer aulas particulares, vender e-books de receitas.
- Desenvolvedor de aplicativos para planejamento de viagens: posso criar um aplicativo para planejamento de viagens, monetizar com assinaturas ou anúncios ou criar soluções para empresas do setor.

Ao final do exercício, reflita sobre as combinações que mais "ornaram".

Reflita como essas combinações podem se encaixar na sua vida atual e quais seriam os passos necessários para experimentar e testar novas possibilidades.

Enquanto o especialista tradicional se aprofunda em uma única área, o generalista constrói um nicho na interseção de múltiplas competências, tornando-se "ultraespecializado" em uma combinação única de habilidades.

Parte 2

Agora vamos para o **Teste Quack.**

Para conseguir, efetivamente, migrar para novas possibilidades de carreira entre aquelas que você vislumbrou, é necessário identificar se a sua maneira de pensar e agir é favorável para que esses caminhos se abram.

Quais são os seus valores comportamentais? Será que alguma atitude trava você ou o impede de voar? Descubra agora, dando uma nota de 0 a 10 para os 10 valores comportamentais dos patos que inspiram o desenvolvimento de habilidades essenciais.

1. CORAGEM			
ATITUDES	HOJE	6 MESES DEPOIS	1 ANO DEPOIS
Quando surge um grande problema, encaro como um desafio.			
Consigo perceber rapidamente se um ambiente não está favorável para meu crescimento pessoal.			
Não me considero inflexível. Se tiver que mudar de rota, vou sentir medo, mas mudo mesmo assim.			
Se tenho uma tarefa, vou até o fim.			
Busco ajuda, pergunto, mas não sou de desistir. Desafios podem vir disfarçados de presentes para meu desenvolvimento pessoal e profissional.			
Estou aberto a ajustar meu plano conforme o necessário, mas evito desviar completamente das minhas metas principais.			
Vejo os contratempos como oportunidades de aprendizado e uso essas experiências para melhorar no futuro.			
Total de pontos no valor **Coragem**			

2. COMPROMISSO			
ATITUDES	HOJE	6 MESES DEPOIS	1 ANO DEPOIS
Busco maneiras práticas e simples de executar um trabalho.			
Quando me sinto sem inspiração ou quando parece que as coisas não fluem como eu gostaria, não deixo o perfeccionismo travar meu compromisso com o prazo. Feito é melhor que perfeito, desde que seja bem-feito e que não comprometa o objetivo final.			
Acredito que todo dia é uma nova oportunidade de buscar ser melhor que o meu eu de ontem, de ser mais comprometido.			
Acredito no poder da comunicação e valorizo quem oferece devolutivas do meu trabalho. Essa é uma demonstração de comprometimento e melhoria contínua.			
Eu me comprometo a dedicar tempo e esforço ao meu crescimento pessoal e intelectual.			
Estou comprometido a cultivar uma mentalidade de aprendizado contínuo e autodesenvolvimento.			
Total de pontos no valor **Compromisso**			

3. COLABORAÇÃO			
ATITUDES	HOJE	6 MESES DEPOIS	1 ANO DEPOIS
Eu me importo de verdade com o outro.			
Eu acredito que colaborar auxilia o meu crescimento também.			
Gosto de ajudar e ser útil, seja na resolução de problemas, em trabalhos não finalizados, na criação de projetos ou no compartilhamento de ideias.			
O respeito mútuo é essencial para a colaboração. Mantenho uma atitude positiva, otimista, íntegra, digna, leal, honesta, de confiança e colaborativa na minha vida pessoal e também na profissional.			
Total de pontos no valor **Colaboração**			

4. CELEBRAÇÃO			
ATITUDES	HOJE	6 MESES DEPOIS	1 ANO DEPOIS
Fico feliz pelas conquistas das pessoas pelas quais torço.			
Acredito que celebrar é uma fonte de energia para continuar mantendo o foco nas coisas boas, mesmo nos momentos mais difíceis.			
Se erro, não me cobro tanto. Não me sinto rancoroso. Aprendo rápido, melhorando o processo, e sigo em frente.			
Eu reconheço e comemoro meu progresso, mesmo que seja pequeno.			
Total de pontos no valor **Celebração**			

5. CLAREZA			
ATITUDES	HOJE	6 MESES DEPOIS	1 ANO DEPOIS
Valorizo a clareza em tudo que faço e falo.			
Busco propósito nas ações que me ajudam visualizar os meus sonhos e o futuro.			
Busco estar sempre na "mesma página" com as pessoas com quem mais convivo.			
Sou transparente na minha comunicação. É a clareza que gera conexão.			
Total de pontos no valor Clareza			

6. CONSISTÊNCIA			
ATITUDES	HOJE	6 MESES DEPOIS	1 ANO DEPOIS
Defino metas específicas e mensuráveis para o que desejo alcançar.			
Desenvolvo um plano detalhado de como alcançarei minhas metas, dividindo-as em tarefas menores e estabelecendo prazos realistas.			
Uso ferramentas como listas de tarefas, agendas ou aplicativos de produtividade para manter o controle das minhas atividades e garantir que nada seja esquecido.			
Tenho noção de que o percurso para chegar a determinado objetivo nem sempre caminha na velocidade que desejo.			
Evito distrações e mantenho o foco nas atividades que me levarão para mais perto das minhas metas.			
Mantenho a persistência e a determinação, mesmo quando as coisas ficam difíceis, e continuo avançando em direção aos meus objetivos.			
Total de pontos no valor Consistência			

7. CONHECIMENTO			
ATITUDES	HOJE	6 MESES DEPOIS	1 ANO DEPOIS
Busco autonomia, novos conhecimentos, autodesenvolvimento e aprendizado contínuo.			
Sou apaixonado por aprender e estou sempre em busca de novos conhecimentos e experiências.			
Cada dia é uma oportunidade para expandir minha mente e adquirir novas habilidades.			
Cada livro que leio e cada curso que faço são um passo em direção à realização dos meus sonhos.			
Reconheço que o aprendizado é um processo ao longo da vida e estou comprometido a crescer e evoluir constantemente.			
Total de pontos no valor **Conhecimento**			

8. CONSIDERAÇÃO			
ATITUDES	HOJE	6 MESES DEPOIS	1 ANO DEPOIS
Acredito que tudo na vida é recíproco, inclusive a consideração, por isso busco considerar o outro e me importar com ele.			
Considero, reconheço e valorizo minha jornada.			
Considero, reconheço e valorizo a evolução diária, meu crescimento contínuo, os pontos positivos e as melhorias.			
Sou gentil, educado e atento à maneira como lido com as pessoas.			
Considero que se importar também é um ato de liderança.			
Total de pontos no valor **Consideração**			

9. COMUNICAÇÃO			
ATITUDES	HOJE	6 MESES DEPOIS	1 ANO DEPOIS
A habilidade da comunicação me permite expressar minhas necessidades e sentimentos de maneira eficiente.			
Sou um ouvinte atento, capaz de compreender as perspectivas dos outros. Meu estilo de comunicação é respeitoso.			
Transmito informações de maneira objetiva e concisa, facilitando a compreensão dos outros.			
Estou constantemente aprimorando minhas habilidades de comunicação para me tornar um comunicador mais eficiente em todas as áreas da vida.			
Reconheço a importância da comunicação não verbal e me esforço para garantir que minha linguagem corporal esteja alinhada com minhas palavras.			
Minha comunicação é autêntica e genuína, refletindo minha verdadeira essência e meus valores. Sou capaz de resolver conflitos de maneira construtiva, utilizando a comunicação como ferramenta para encontrar soluções mutuamente benéficas.			
Por meio da comunicação, construo relacionamentos sólidos e duradouros baseados em confiança, respeito e compreensão mútua.			
Total de pontos no valor Comunicação			

10. COMUNIDADE			
ATITUDES	HOJE	6 MESES DEPOIS	1 ANO DEPOIS
Contribuo ativamente para o bem-estar e o crescimento da minha comunidade.			
Minhas ações têm impacto positivo na minha comunidade, criando um ambiente de apoio e cooperação.			
Eu me comprometo a ser um membro ativo da minha comunidade, oferecendo ajuda e apoio sempre que necessário.			
Na minha comunidade, somos mais fortes juntos, e eu faço a minha parte para fortalecer os laços entre os membros.			
Sendo parte da minha comunidade, reconheço que tenho responsabilidades e estou comprometido a cumpri-las da melhor maneira possível.			
Cada ação que pratico reflete nos valores da minha comunidade, e eu me esforço para agir de maneira consistente com esses valores.			
Eu me sinto parte de algo maior do que eu mesmo quando estou em minha comunidade, e isso me inspira a contribuir de maneira significativa para o bem de todos.			
Total de pontos no valor **Comunidade**			

Quais atitudes minhas mais se assemelham às de um pato hoje?

____

____

Quais valores têm as menores notas? O que vou fazer para melhorar?

____

____

Eu me comprometo a rever minhas avaliações dentro de 6 meses?

____

Eu me comprometo a rever minhas avaliações dentro de 1 ano?

____

Visão geral da autoavaliação

O propósito deste teste é ajudar você a acompanhar seu progresso e identificar áreas em que pode se aprimorar ao longo do tempo. As pontuações não são apenas números: elas refletem sua evolução pessoal e profissional em relação aos valores fundamentais. Cada mudança na pontuação é uma oportunidade de reflexão e de ação.

Por exemplo, você pode ter fortalecido o valor "Comunidade", mas percebido que precisa investir mais em "Celebração". Isso é um convite para pensar: por que isso aconteceu? Houve mudanças no seu contexto de vida ou na forma como você tem priorizado determinados valores? Que passos práticos você pode tomar para equilibrar esses aspectos?

Use os resultados como uma ferramenta de aprendizado. Identifique as áreas onde está crescendo e celebre essas conquistas. Por outro lado, reflita sobre os valores com menores pontuações e planeje ações específicas para fortalecê-los. Lembre-se de que o objetivo não é a perfeição, e sim um progresso contínuo e intencional.

Orientações para análise

Valores mais altos: como você pode consolidar e expandir esses pontos fortes?

Valores mais baixos: quais atitudes ou hábitos você pode implementar para melhorar esses aspectos?

Mudanças ao longo do tempo: as alterações nas pontuações podem refletir novas prioridades, desafios ou aprendizados. Analise o contexto para compreender o que gerou essas mudanças.

Compromisso com o desenvolvimento: este é um processo contínuo. Volte a revisar suas notas em 6 meses e 1 ano. Use essas reflexões para ajustar sua rota, alinhar suas ações aos seus valores e continuar seu aprimoramento pessoal.

Visão geral da autoavaliação		
DATA DO PRIMEIRO TESTE ___/___/___	DATA DO SEGUNDO TESTE ___/___/___	DATA DO TERCEIRO TESTE ___/___/___

Para quem ousa ser pato

em um mundo de águias.

14. Cadê a criatividade?

Talvez você tenha notado que não citei a criatividade como um dos valores comportamentais dos patos.

Isso aconteceu porque, para mim, a criatividade não é exatamente um valor em si, mas surge justamente pela capacidade de ornar diferentes habilidades, ter visão holística e ser generalista.

Você pode achar que fui longe demais: como um pato pode ser criativo? Vou responder com outra pergunta: você já testemunhou patos fugindo de predadores?

Essas situações revelam sacadas rápidas e até mesmo cômicas, como um pato que consegue ludibriar um predador desaparecendo magicamente após um mergulho rápido, no momento em que o predador está prestes a atacá-lo. Enquanto o predador tenta assimilar a situação, o pato nada com tranquilidade nas costas de seu algoz.

Se isso não for criativo, então o que seria?

A coragem nos faz tentar coisas novas, mesmo que elas pareçam arriscadas. Para inovar é preciso arriscar.

O compromisso nos mantém focados em nossos objetivos, mesmo diante de desafios.

A colaboração nos deixa compartilhar ideias e trabalhar em equipe.

A celebração nos ajuda a reconhecer e valorizar pequenas conquistas, nos animando a tentar mais.

A clareza ajuda a nos entendermos e a buscar soluções.

A consistência nos permite praticar, testar, errar, acertar e criar.

O conhecimento nos dá as ferramentas e informações necessárias para inovar com diferentes ideias de áreas variadas.

A consideração nos ajuda a entender e respeitar as necessidades e perspectivas dos outros, gerando o desejo de ajudar e conectar.

A comunidade nos oferece apoio, inspiração e segurança para tentar, errar e acertar, e também para cocriar.

A comunicação nos permite expressar ideias, elaborar e colaborar criativamente com os outros.

Coragem + Compromisso + Colaboração + Celebração + Clareza, Consistência + Conhecimento + Consideração + Comunicação + Comunidade = Criatividade.

Somadas, essas atitudes resultam — naturalmente — em um ambiente propício para a criatividade florescer, permitindo-nos pensar de maneira inovadora e encontrar soluções originais.

15. Como criar seus próprios pensamentos: Tudo Orna

Mas e na prática, será que a criatividade vai surgir naturalmente após cultivar esses novos comportamentos? Penso que, embora essa seja a grande essência para a criatividade florescer, é possível que o processo não ocorra de maneira tão natural. Talvez seja preciso rever o seu processo de aprendizagem.

Se eu não tivesse questionado a ideia do pato, por exemplo, como poderia ter chegado à conclusão de que ela não era verdadeira, como acreditei por tanto tempo? Está se tornando cada vez mais difícil criar nossas próprias ideias.

Então, será que existe um modo de pensar e organizar os pensamentos que nos permita criar nosso próprio raciocínio, revelando, de acordo com nossas vivências e experiências pessoais, ideias que não conhecemos? Afinal, somente assim conseguimos encontrar nossa verdadeira maneira de ver o mundo e até mesmo nossa identidade. Quem de fato eu sou, aquilo em que eu acredito e como eu penso.

Observando a mim mesma, percebi que tenho uma "fórmula" para aprender e escrever sobre meus pensamentos. Entretanto, o começo desse processo não acontece de maneira linear nem ordenada. Antes de uma ideia criar uma lógica, ela parte da conexão de diferentes fontes e referências, mesmo que não pareçam fazer sentido no começo — geralmente elas não fazem mesmo.

Tenho o costume de anotar ideias soltas no bloco de notas do celular. Escrevo coisas que penso, anoto páginas de livros e de documentos de que gostei e até sentimentos. É comum, depois de ver um filme, que eu faça uma resenha breve ou então converse com alguém sobre o meu ponto de vista da história.

Acredito que isso me ajuda a memorizar conceitos. Quando crio conteúdos para as redes sociais, por exemplo, costumo iniciar com um "reservatório de ideias". Crio uma lista de tópicos que acho interessantes, acabo cruzando as pautas e, a partir daí, surgem títulos criativos e temáticas abordadas em uma nova perspectiva. Uso palavras-chave para encontrar minhas anotações. É como se eu organizasse as ideias em várias caixas, mas nenhuma delas está trancada; muitas vezes eu abro caixas que possam gerar conexão com essas anotações iniciais. É exatamente assim que surgem meus pensamentos, porque tudo orna.

Esse processo é natural para mim, mas tenho facilidade de descobrir o "passo a passo" até mesmo do que faço, justamente por cultivar o hábito de escrever de maneira mais desordenada e depois ir organizando os pensamentos.

E aqui estão os cinco passos que resumem a maneira como organizo meus pensamentos:

1. Anotação de ideias soltas: registrar pensamentos, trechos de livros e sentimentos para capturar insights de maneira rápida e acessível.
2. Expressão e debate de pontos de vista: compartilhar seu ponto de vista e discuti-lo com os outros, permitindo uma compreensão mais profunda e a memorização de conceitos.
3. Criação de um "reservatório de ideias": desenvolver uma lista de tópicos, cruzando diferentes áreas.
4. Uso de palavras-chave: as palavras-chave ajudam a explorar e a conectar anotações relevantes.
5. Ornamento de pensamentos: organizar os pensamentos, promovendo conexões inesperadas e criativas entre as ideias para gerar novos insights e perspectivas.

Ornar significa combinar, e a resposta para criar suas próprias ideias e encontrar sua identidade se resume a esta frase: tudo orna.

Assim como os patos, que combinam características aquáticas e terrestres de modo fluido e eficiente, todas as disciplinas, habilidades e competências podem e devem se conectar. A interdisciplinaridade não apenas enriquece nosso entendimento do mundo como também nos permite abordar desafios de maneira completa e inovadora.

Ao reconhecer que tudo pode ornar, abrimos caminho para a criatividade. Cada nova conexão entre ideias e experiências nos leva mais perto de compreender quem somos e como podemos ser úteis.

16. *Como se definir sem se limitar?*

Quando abrimos a Curta, em 2009, queríamos produzir vídeos curtos e roteiros criativos para serem publicados no YouTube. Já contei essa história e também revelei que, apesar das dificuldades, arriscamos em diferentes projetos, mudamos de rota inúmeras vezes e descobrimos que poderíamos fazer (e ser) muitas coisas.

Hoje, muitos nos chamam de empreendedoras. Mas quando, de fato, alguém se torna um empreendedor?

No nosso caso, não foi uma decisão pontual — foi um caminho natural. Não nos tornamos empreendedoras; encontramos no empreendedorismo uma forma de fazer a diferença e de ter a liberdade de criar, sem sufocar nossa curiosidade.

Para nós, empreender vai além de abrir um negócio. É um jeito de enxergar desafios, de buscar soluções e de transformar a forma como vivemos e trabalhamos.

17. As camisetas do Michael Jackson

Somos parte da geração que cresceu ouvindo "Thriller" e dando replay mil vezes no clipe de "Black or White" — só para ver os rostos se transformando e os efeitos especiais. Quando Michael Jackson morreu, em junho de 2009, eu e minhas irmãs ficamos arrasadas, e só pensávamos em descobrir uma maneira de homenagear o gênio dos hits que trouxe tanta alegria para nossas vidas.

Corremos para o Google e pesquisamos pela coisa mais óbvia: "camisetas do Michael Jackson". Para nossa surpresa, encontramos pouquíssimas opções disponíveis no Brasil. Inconformadas, resolvemos criar nossas próprias camisetas, sem nunca ter feito isso antes.

O próprio Michael dizia que "você pode sempre sonhar, e seus sonhos se tornarão realidade, mas é você que tem que torná-los realidade". E era exatamente isso que nos guiava: se tem que fazer, tem que fazer.

Quais empresas realizavam aquele tipo de trabalho? Qual era a maneira mais barata de fazer? A maneira mais barata era a melhor? Quanto custava? Queríamos algo que durasse? Quanto tempo demorava? Se enviássemos a arte pronta para uma estamparia, custaria mais barato?

Depois dessa pesquisa e de alguns testes, finalmente conseguimos criar as primeiras peças do jeito que queríamos. Poucos dias após a partida do nosso rei do pop, as camisetas ficaram prontas. Vestimos os modelos com orgulho e, claro, tiramos várias fotos para postar no Orkut.

Montamos um álbum de fotos com o título "This Is It" — título do documentário lançado em homenagem ao cantor. Assim que postamos, começamos a receber mensagens de pessoas do nosso próprio círculo social interessadas em saber onde poderiam comprar aquelas peças. Quando contávamos que nós havíamos criado, o interesse era ainda maior. Só havia um detalhe: tínhamos criado para nós, não sabíamos o que fazer para vender, muito menos quanto cobrar. Mas as pessoas continuavam insistindo...

Será que deveríamos vender? Qual seria o valor justo por aquele trabalho?

Aceitamos fazer as camisas para venda porque vimos um propósito: outros fãs também queriam prestar sua homenagem, e nós poderíamos ajudar com isso.

Vendemos pelo valor de custo, para não sair no prejuízo.

Demos a oportunidade para cada pessoa escolher uma imagem ou frase diferente para personalizar sua peça. No entanto, conforme as pessoas iam encomendando suas camisetas, percebemos que 100% delas escolheram alguma estampa que já haviam visto uma de nós três usando nas fotos, mesmo tendo diversas outras opções e com a possibilidade de criar algo personalizado. Esses eram pequenos indícios de algo que já éramos mesmo sem saber: influenciadoras.

O ano em que produzimos as camisetas foi o mesmo ano em que abrimos nosso escritório físico da Curta. Foi ali que começamos a empreender de fato, mas essa veia fazedora não tem a ver apenas com abrir uma empresa; é uma maneira de enxergar a vida, de sonhar, criar e realizar.

Empreender também demanda liderar, que, por sua vez, exige dos empreendedores uma visão generalista e múltiplas habilidades. Você precisa ter a capacidade de correr riscos, lidar com o estresse e a ansiedade, negociar, entender de finanças, de gestão e de pessoas.

Até hoje, quando alguém pergunta qual é a minha profissão, ainda não sei o que responder. Relações-públicas? Blogueira? Youtuber? Empresária? Designer? Escritora? Palestrante? Comunicadora? Esposa? Mãe? Ou um pouco de tudo?

Ainda sinto dificuldade em me definir sem me limitar. Até mesmo meus hobbies, como a paixão por design de interiores, me permitiram elaborar projetos criativos, apostilas e livros altamente nichados e específicos e mentorias especiais de posicionamento de marca para designers e arquitetos, por exemplo.

Emilie Wapnick, em sua palestra no TED Talk[22], acredita no termo multipotencialidade para definir alguém como eu. Já a escritora Marci Alboher, em seu livro *One Person/Multiple*

Careers: A New Model for Work/Life Success[23] criou o termo *slash career* para descrever pessoas que exploraram diferentes vertentes e habilidades em sua trajetória profissional e que, ao se descreverem, utilizam uma barra ("/") para incluir todas as suas "profissões". Alboher acredita que esse caminho leva a uma satisfação profissional maior, pois a carreira é feita sob medida para suas necessidades e interesses.

Pessoas com carreiras *slash* são aquelas que têm múltiplos fluxos de renda de "carreiras interconectadas". Trata-se de um cruzamento entre diferentes áreas que permite a experimentação e o aprimoramento de habilidades distintas ao longo da vida.

Vamos imaginar a seguinte situação hipotética: alguém que tenha formação em design, mas nunca tenha exercido a profissão, resolveu seguir carreira como fotógrafo. Depois de um tempo, após fotografar muitos eventos, essa pessoa desenvolveu habilidades nesse segmento e passou a investir nesse mercado. Anos depois, seu estilo de vida e prioridades mudaram, e seu vasto repertório com fornecedores lhe permitiu criar um aplicativo de fornecedores de eventos com o diferencial de fotos de alta qualidade e com um incrível design e experiência do usuário.

Ter mudado de carreira não significa deixar de ser uma coisa para ser outra. Na verdade, ainda que em um primeiro momento a interseção de áreas não faça sentido, é a soma das várias habilidades multidisciplinares que nos prepara para coisas incríveis no futuro.

Visões abrangentes podem, inclusive, ajudar você a criar uma profissão que ainda nem existe. Ser generalista nos fez desbravar lugares inexplorados.

Como eu e minhas irmãs, que, juntamente com outros criadores de conteúdo audaciosos, abrimos caminho para toda uma geração que hoje não só considera natural a profissão de influenciador como também deseja se tornar um.

A Geração Z, por exemplo, não vê a internet como uma oportunidade, mas como uma realidade. Nascida entre a segunda metade da década de 1990 e 2010, ela nunca conheceu um mundo sem conexão digital. Cresceu desenvolvendo habilidades tecnológicas de forma intuitiva, mas também enfrenta desafios, como a baixa tolerância à frustração.

Justamente por não conhecer outra realidade, ficar sem bateria ou Wi-Fi é praticamente uma tortura.

E, quando penso nisso, lembro-me das aulas da faculdade, quando aprendi sobre a **Teoria das Necessidades Humanas**, criada pelo psicólogo Abraham Maslow. Seu estudo propõe que nossas motivações são organizadas em cinco níveis: fisiológicas, de segurança, sociais, de estima e, por fim, de autorrealização. Essa teoria, amplamente estudada desde a década de 1950, é usada para entender nossos desejos e impulsos. Segundo Maslow, a realização pessoal seria a última necessidade a ser alcançada — a menos urgente para a sobrevivência humana.

Mas será mesmo?

Na base da pirâmide, encontramos as necessidades mais urgentes, enquanto no topo estão aquelas consideradas "dispensáveis". Essa estrutura sugere que só buscamos a autorrealização quando todas as outras camadas já estão resolvidas.

É inegável que, sem o mínimo necessário para viver, qualquer outra necessidade se torna secundária. Tecnicamente, respirar, se alimentar e dormir são funções que mantêm nosso corpo em funcionamento. Mas, para seres humanos funcionais, será que sobreviver basta?

Uma das maiores inquietações da humanidade sempre foi encontrar um sentido para a vida. Em algum momento, todos nós buscamos incessantemente por um propósito. E, se a mente faz parte da nossa saúde, por que ainda tratamos as questões emocionais e psicológicas como menos prioritárias ou não essenciais?

Desde a Revolução Industrial, as formas de trabalho, a expectativa de vida e a visão de mundo mudaram radicalmente. Em um cenário moderno, a autorrealização se tornou essencial.

Quando Maslow propôs sua teoria, a sobrevivência ainda era a maior preocupação da população. Fazia sentido naquela época.

Hoje, no entanto, não vivemos apenas para garantir um emprego estável que pague as contas e nos leve até a aposentadoria. Buscamos significado. Queremos algo que nos represente, que nos motive, que nos faça sentir vivos.

Na sociedade atual, não há desculpa para não aprender algo novo — pelo contrário, as possibilidades são infinitas.

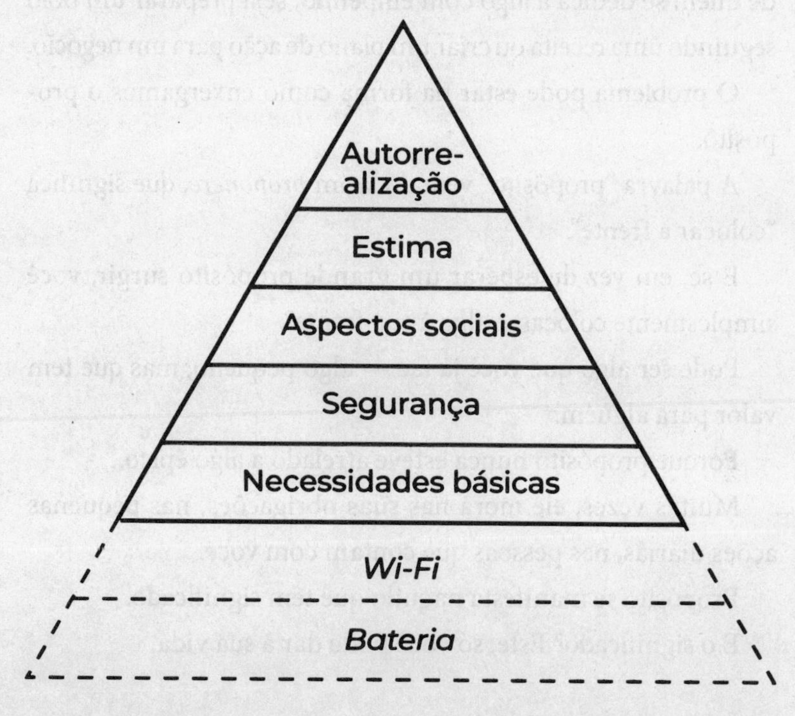

As realidades mudam e, com elas, nossas necessidades. Será que Maslow imaginaria que, em uma sátira moderna, tecnologias como baterias de celular e conexão com a internet ocupariam um espaço tão fundamental em nossas vidas?

Vivemos em uma era onde aprender algo novo está a um clique de distância. Isso muda completamente a lógica da busca pela autorrealização.

Talvez a autorrealização, antes vista como inalcançável, não esteja no fim de um longo caminho. Talvez ela esteja no próprio processo — na caminhada até um objetivo pessoal, profissional ou social.

Talvez a verdadeira realização resida no estado de espírito de quem se dedica a algo com empenho, seja preparar um bolo seguindo uma receita ou criar um plano de ação para um negócio.

O problema pode estar na forma como enxergamos o propósito.

A palavra "propósito" vem do latim *proponere*, que significa "colocar à frente".

E se, em vez de esperar um grande propósito surgir, você simplesmente colocasse algo à sua frente?

Pode ser algo que você já faz — algo pequeno, mas que tem valor para alguém.

Porque propósito nunca esteve atrelado a algo épico.

Muitas vezes, ele mora nas suas obrigações, nas pequenas ações diárias, nas pessoas que contam com você.

Propósito se manifesta naquilo que tem significado.

E o significado? Este, só você pode dar à sua vida.

Mensagem final

A esta altura, está claro que este livro vai muito além da pesquisa e exploração da família biológica dos Anatídeos (os patos, gansos, marrecos e cisnes).

Esta é uma mensagem profunda, destinada a todos aqueles que se questionam sobre suas habilidades generalistas ou multipotenciais. Diante das tentativas de nos rotular, é crucial nos perguntar: "Essa definição realmente me representa ou me limita?"

Hoje, compreendo plenamente que somos nós mesmos, como indivíduos, que atribuímos significado às nossas vidas, independentemente das normas convencionais.

Se você, como eu, cresceu acreditando na ideia de que não poderia "ser um pato" porque não se destacaria em nada, é importante entender que os tempos mudaram e as exigências também. A capacidade de resolver problemas complexos é mais valorizada do que nunca.

Não devemos nos prender a uma única profissão ou atividade para toda a vida. É quase ingênuo imaginar que não enfrentaremos mudanças ainda mais intensas no futuro do trabalho.

Profissões que eram impensáveis há quinze anos são agora uma realidade. Explorar diversas áreas de atuação não apenas expande nossos horizontes como também nos capacita a desenvolver habilidades criativas, únicas e inovadoras. Ornar suas diferentes habilidades é justamente o que faz você "incopiável" — acho que essa palavra não existe, mas você entendeu.

Há aspectos que fazem parte de quem você é em essência, como títulos que pertencem a você, que moldam a sua identidade e que ninguém pode tirar. Você *é* alto ou baixo. *É* mãe, pai, irmão. Mas há outras coisas que você *está*. Você *está* em uma profissão, em um relacionamento, em uma fase da vida. E, diferentemente do que você *é*, o que você *está* carrega a leveza da mudança, da flexibilidade.

Estar significa que você pode evoluir, se reinventar, mudar de ideia, sair e voltar — sem perder a sua essência. Porque o que você *está* não define completamente quem você *é*. Sua profissão, por exemplo, não é a totalidade da sua identidade, mas uma escolha que fez naquele momento. E escolhas podem (e devem) se transformar conforme você cresce e o mundo ao seu redor muda.

Aceitar essa diferença é libertador. Permite que você abrace as mudanças com mais leveza e entenda que transições não significam fracasso ou perda, mas sim movimento. Você não deixa de *ser* quem é ao mudar de caminho.

Era da complexidade e interconexão

Em certa medida, os tempos digitais nos forçam, em algumas situações, a adotar uma abordagem mais versátil, similar à dos patos.

Durante a pandemia da covid-19, que assolou o mundo a partir de 2020, fomos confrontados com a necessidade de desenvolver competências digitais. O distanciamento social e as restrições de mobilidade demandaram uma rápida adaptação às ferramentas e plataformas on-line para manter a continuidade de nossas atividades pessoais e profissionais.

Esse cenário exigiu que muitos de nós, mesmo aqueles que não estavam familiarizados com tecnologias digitais, mergulhassem de cabeça nesse universo virtual, tornando-se, de certa forma, "patos digitais".

Nos vimos aprendendo a navegar em videoconferências, a utilizar aplicativos de colaboração remota, a gerenciar equipes a distância e a criar novos métodos de trabalho. Essa experiência forçada e desafiadora também nos fez desenvolver novas competências e habilidades digitais, ampliando nosso leque de conhecimentos e recursos.

Durante esse momento paradoxal, em um mundo isolado socialmente, porém mais conectado do que nunca, eu estava no auge da minha carreira.

Havia ganhado o prêmio de Profissional do Ano na categoria, concorri ao prêmio de Relações Públicas do Ano e fiquei em segundo lugar por voto popular. Minhas irmãs e eu fomos capa da revista *Glamour*, um convite inesperado e muito marcante. Já havíamos feito outras capas, mas essa teve um significado especial.

Vendemos milhares de cursos com o nosso projeto educacional EFEITO ORNA. Um ano antes, palestrei sobre marketing de influência no maior evento de marketing digital do Brasil.

Minha irmã recebeu o título de Forbes Under 30, e havia certo sentimento de "urgência" em todo o mundo.

De todos os anos, com certeza aquele foi o mais intenso em termos de ritmo de trabalho. Eu estava grávida da minha filha Olívia e, mesmo que meu corpo implorasse por descanso, continuava comprometida com o que havia prometido entregar. Dava aulas toda semana, tentávamos manter o ORNA CAFÉ em pé, além de todas as demandas da ORNA.

FENÔMENO DIGITAL: MARCAS MAIORES QUE A ESTRUTURA ORGANIZACIONAL

Com o digital, muitas marcas conseguem alcançar uma dimensão significativa em pouco tempo. A exposição, especialmente por meio das redes sociais, permite atingir milhares de pessoas rapidamente e promover um crescimento acelerado.

Antes da internet, esse processo era mais gradual, o que resultava em uma evolução progressiva na maturação e estrutura organizacional.

Essa nova realidade exige uma estruturação imediata e complexa. Mesmo que a empresa deseje se estruturar, construir cultura e se profissionalizar, é como querer que uma criança pequena tome decisões para as quais ainda não tem maturidade suficiente. A projeção da sua marca amplifica a percepção do tamanho do seu negócio na mente do público. A expectativa criada pela forte presença digital da marca aumenta o risco de dissonância cognitiva, pois o público espera que as práticas internas sejam tão robustas quanto a imagem projetada.

Construir uma marca digital é uma grande oportunidade de negócio. No entanto, é preciso estar ciente de que ela traz novos desafios, que invertem completamente a lógica das organizações tradicionais e que serão desafiadores para empreendedores resilientes e dispostos a encontrar soluções para esses novos problemas. É necessário pensar na gestão da reputação, mesmo que isso exija decisões difíceis.

Fui morar um tempo com a minha mãe enquanto a minha casa estava em reforma, e me lembro de um dia a Julia ligar porque precisava resolver algum pepino da empresa. Minha mãe atendeu e disse ao telefone, rindo para mim: "A Débora está chocando." Eu estava sentada no sofá, com uma roupa larga e confortável e passando as roupinhas da Olívia. Em poucos dias daria à luz.

Aqui um parêntese com mais uma curiosidade sobre os patos: a mãe pata, quando está construindo o seu ninho, o enche com macias penas que ela puxa do próprio peito. Isso dá aos ovos o melhor acolchoado possível e os isola, além de expor a pele da pata para que ela consiga manter os ovos quentes com mais eficiência.

Quando me lembro desse e de outros episódios, penso que a liderança revezada e circunstancial faz parte do DNA da nossa empresa. Quando a Bárbara e eu precisamos tirar nossa licença-maternidade, a Julia assumiu grandes responsabilidades e liderou toda a operação no melhor estilo "se tem que fazer, tem que fazer". Afinal, ela não tinha outra opção.

Assim como os patos se adaptam a diferentes ambientes, nós devemos criar maneiras de nos adaptarmos aos desafios impostos pelas circunstâncias.

Ao diversificar nossas experiências e fortalecer certos comportamentos, como Coragem, Compromisso, Colaboração, Celebração, Clareza, Consistência, Conhecimento, Consideração, Comunidade e Comunicação, nos tornamos profissionais mais flexíveis e de grande valor tanto para o mercado quanto para o mundo.

Por isso, vejo no pato um símbolo de poder; suas características refletem exatamente o que preciso manifestar.

E a pergunta que resta é: **o que mudou?** Eu mudei o pato? Eu o fiz voar mais alto? Eu o fiz nadar mais rápido? Definitivamente não. A única coisa que eu fiz foi questionar, perguntar, investigar e mudar minha visão sobre o que ele é capaz de realizar. Ou seja, minha visão sobre mim mesma.

Ser um pato não é uma desvantagem, é a minha força. Navegar por diferentes ambientes — água, terra e ar — é uma metáfora que reflete a versatilidade que o mercado atual demanda (ou que sempre demandou).

Seja renascentista, polímata, seja multiespecialista, seja generalista, seja multitalentoso ou, simplesmente, seja um pato.

É hora de (re)definir a si mesmo e ser tudo o que você nasceu para ser.

• • • • • • • • • • • • • •

Mergulhe nas suas paixões.

Nade o quanto puder.

Ande quando precisar desacelerar.

E voe longe, alto o quanto desejar.

ACREDITE!

• • • • • • • • • • • • • •

EXTRA:
A fábula "O rei dos animais"

Certa vez, ouvi a fábula "O rei dos animais". Curiosa, fui atrás de sua origem, autoria ou alguma referência em livros, mas não achei nenhuma dessas informações. Descobri que se trata de um conto popular, transmitido ao longo do tempo sem um autor definido.

Por isso, resolvi reescrevê-lo como um pequeno trecho extra deste livro. Ele pode ser lido separadamente por crianças, adolescentes, adultos ou por qualquer pessoa que queira refletir sobre sua mensagem.

Afinal, será que uma única habilidade específica pode realmente garantir o pódio em todas as circunstâncias? Ou, talvez, a versatilidade também possa coroar um verdadeiro campeão?

Era uma vez uma grande competição para escolher o rei dos animais. Parecia uma espécie de Olimpíada, com várias provas diferentes.

Quatro candidatos se apresentaram: o leão, o tubarão, a águia e o pato.

O leão era forte e imponente. O tubarão dominava as águas. A águia voava com maestria. E o pato? Bem, ele não era o melhor em nada, mas nadava bem, voava mais ou menos e conseguia correr.

A primeira prova foi uma **corrida**. O leão disparou na frente e venceu com facilidade. O pato, mesmo sem tanta velocidade, ficou em segundo lugar. O tubarão e a águia nem participaram — afinal, não tinham como competir em terra firme.

Depois, veio a **prova de voo**. A águia brilhou, planando pelo céu e garantindo o primeiro lugar. O pato se esforçou e, de novo, ficou em segundo. O leão e o tubarão só assistiram.

Por fim, foi a vez da **natação**. O tubarão venceu com folga, deslizando na água com perfeição. O pato nadou firme e ficou em segundo mais uma vez. O leão e a águia? De novo, só olharam.

No final, somaram os pontos. Para a surpresa de todos, quem tinha o maior saldo? **O pato.**

Ele não venceu nenhuma prova, mas sempre esteve lá, participando de todas, garantindo sua pontuação. Enquanto os outros eram incríveis em uma única coisa, o pato conseguia se virar bem em todas.

E foi assim que o pato foi coroado o rei dos animais.

Porque, no fim, não se trata de ser o melhor em algo específico. Ser versátil, persistente e saber se adaptar também faz de você um vencedor.

#sejaumpato

Nós caminhamos com nossas ideias, nadamos contra os obstáculos e voamos para o nosso propósito. Acesse o QR Code a seguir e junte-se à nossa **patota**.

Notas

1 WEIDENSAUL, Scott. *Living on the Wind: Across the Hemisphere with Migratory Birds*. Nova York: North Point Press, 2000.

2 WORLD ECONOMIC FORUM. *Mundial Future of Jobs Report 2025: The Jobs of the Future — and the Skills You Need to Get Them*. Genebra: 2025. Disponível em: https://www.weforum.org/publications/the-future-of-jobs--report-2025. Acesso em: 10 jun. 2025.

3 MAXWELL, John C. *O líder 360: Como desenvolver seu poder de influência a partir de qualquer ponto da estrutura corporativa*. Rio de Janeiro: Thomas Nelson Brasil, 2015.

4 KISHIMI, Ichiro; KOGA, Fumitake. *A coragem de não agradar: Como a filosofia pode ajudar você a se libertar da opinião dos outros, superar suas limitações e se tornar a pessoa que deseja*. Rio de Janeiro: Sextante, 2018.

5 BROWN, Brené. *A coragem de ser imperfeito: Como aceitar a própria vulnerabilidade, vencer a vergonha e ousar ser quem você é*. Rio de Janeiro: Sextante, 2016.

6 AAGAARD KJ, LONSDORF EV, THOGMARTIN WE. "Effects of Weather Variation on Waterfowl Migration: Lessons From a Continental-scale Generalizable Avian Movement and Energetics Model". Ecol Evol. 17 fevereiro 2022;12(2):e8617. doi: 10.1002/ece3.8617. Erratum in: Ecol Evol. 20

julho 2022;12(7):e9148. doi: 10.1002/ece3.9148. PMID: 35222974; PMCID: PMC8853969. Acesso em 11 jun. 2025.

7 COVEY, Stephen R. *Os 7 hábitos das pessoas altamente eficazes: Lições poderosas para a transformação pessoal.* Rio de Janeiro: BestSeller, 2017.

8. LISSAMAN PB, SHOLLENBERGER CA. "Formation Flight of Birds". *Science.* 22 maio 1970;168(3934):1003-5. doi: 10.1126/science.168.3934.1003. PMID: 5441020. Acesso em 11 jun. 2025.

9 GOLEMAN, Daniel. *Inteligência emocional: A teoria revolucionária que redefine o que é ser inteligente.* Rio de Janeiro: Objetiva, 2017.

10 MARLER, P.; SLABBEKOORN, H. *Nature's Music: The Science of Birdsong.* San Diego: Elsevier Academic Press, 2004.

11 BROWN, Brené. *O poder da vulnerabilidade.* Ted.com, 2010. 20 min. Disponível em: https://www.ted.com/talks/brene_brown_the_power_of_vulnerability?language=pt-br. Acesso em: 10 jun. 2025.

12 CORNELL LAB OF ORNITHOLOGY. *Mallard Life History.* Disponível em: https://www.allaboutbirds.org/guide/Mallard/lifehistory. Acesso em: 12 jun. 2025

13 BOOS et al. "Post-hatching parental care behaviour and hormonal status in a precocial bird". Behav Processes. 2007 Nov; 76(3):206-14. doi: 10.1016/j.beproc.2007.05.003. Epub 2007 May 18. PMID: 17600638. Acesso em 11 jun. 2025.

14 CARNEGIE, Dale. *Como fazer amigos e influenciar pessoas.* Rio de Janeiro: Sextante, 2019.

15 THOMPSON, Derek. *Hit Makers: Como nascem as tendências.* Rio de Janeiro: HarperCollins, 2018.

16 YUAN et al. "Wave-riding and Wave-passing by Ducklings in Formation Swimming". *Journal of Fluids Mechanics.* Cambridge: Cambridge University Press, 2021.

17 PETERSON, Jordan B. *12 regras para a vida: Um antídoto para o caos.* Rio de Janeiro: Alta Books, 2018.

18 GLADWELL, Malcolm. *O ponto da virada: Como pequenas coisas podem fazer uma grande diferença.* Rio de Janeiro: Sextante, 2013

19 DUNBAR, Robin. *Friends: Understanding the Power of our Most Important Relationships*. Londres: Little Brown, 2022.

20 EPSTEIN, David. *Por que os generalistas vencem em um mundo de especialistas*. Rio de Janeiro: Globo Livros, 2020.

21 WEAVER, David. *As ideias têm consequências*. Campinas: É Realizações, 2016.

22 WAPNICK, Emilie. "Por que alguns não têm vocação específica". Ted.com. 2015. 12:46 min. Disponível em: https://www.ted.com/talks/emilie_wapnick_why_some_of_us_don_t_have_one_true_calling?language=pt-br. Acesso em: 10 jun. 2025.

23 ALBOHER, Marci. *One Person/Multiple Careers: A New Model for Work/Life Success*. Nova York: Business Plus, 2007.

Este livro foi composto na tipografia Minion Pro, em corpo 11,5/17,5, e impresso em papel off-white no Sistema Cameron da Divisão Gráfica da Distribuidora Record.